COMUNICACIÓN EFECTIVA LIBRO/MANUAL

UNA HERRAMIENTA PODEROSA

¿CÓMO LOGRAR QUE ME ESCUCHEN?
¿CÓMO ESCUCHAR SIN SER ATACADO?

David D´León

Judith D´León

COLECCIÓN

HERRAMIENTAS PARA UN MATRIMONIO FELIZ

Consultas por <u>Zoom</u> o <u>FaceTime</u>

Email   Consultas@RelacionesFelices.org
Teléfono   1 (619) 681 – 2546   USA
Sitio Web   RelacionesFelices.org

Prefacio

COMUNICACIÓN EFECTIVA

"Lo más importante de la comunicación,
es escuchar lo que se dice" Peter Drucker

Podemos decir sin temor a equivocarnos que todos hemos sufrido de incomprensión, todos hemos padecido con los malentendidos. Se nos oye, pero no se nos escucha. Se nos escucha, pero no se nos entiende. Se nos entiende, pero finalmente no se nos comprende. La falta de una comunicación eficaz nos ha creado muchos problemas que pudieron haberse evitado, si nos hubieran enseñado algunas herramientas básicas.

¿Cuántas veces hemos querido decir algo con un propósito determinado y, por alguna razón, se interpreta como algo completamente diferente o no deseado?

¿Cuántas veces hemos querido solamente ser escuchados y no lo hemos podido conseguir?

¿Cuántas veces hemos querido encontrar empatía, validación y valoración en la persona que nos "escucha" y en cambio hemos sido interrogados, juzgados o aconsejados?

¿Cuántas veces nos hemos sentido solos, en medio de tanta gente que nos rodea?

¿Cuántas veces hemos deseado escuchar a alguien, pero termina siendo muy difícil, porque nos sentimos atacados o juzgados?

¿Cuántas veces hemos intentado resolver algo y, cuando lo comentamos, en lugar de resolverse y llegar a un acuerdo, terminamos discutiendo, peleando o inclusive lastimándonos verbalmente?

Desgraciadamente, desde el principio de la historia de la humanidad, no se nos ha enseñado a comunicarnos con efectividad. La comunicación es una ciencia relativamente nueva. Aunque la historia de la humanidad se remonta a unos 250,000 años según la arqueología, el estudio de la comunicación humana tiene escasos 100 años que comenzó.

Es absolutamente paradójico que hayamos esperado alrededor de 250,000 años para comenzar a estudiar cómo comunicarnos, de una forma en que otros deseen escucharnos. A lo largo de la historia, pudimos construir grandes maravillas, estudiar las profundidades del océano, subir las cumbres más altas, volar por encima de las nubes, conquistar el átomo, viajar por el espacio y enviar al hombre a la luna. Sin embargo, al parecer, no vimos en la comunicación algo importante que estudiar.

La comunicación comenzó con el uso de señas, gestos y ademanes, continuó con sonidos guturales y monosílabos, hasta llegar al uso de palabras, frases y finalmente oraciones completas. Al principio de la civilización, cada comunidad desarrolló sus propios sonidos y palabras para comunicarse. Esto fue evolucionando a lo largo de la historia, hasta llegar a formar las lenguas e idiomas como actualmente los conocemos.

Otra forma de comunicación la encontramos en la escritura. La escritura o comunicación gráfica comenzó con figuras y pinturas rupestres (45,000 a.C.), símbolos y jeroglíficos (5,200 a.C.), impresiones cuneiformes (3,500 a.C.), hasta llegar a la formación de las letras y palabras (Sánscrito 1,500 a.C.).

Curiosamente, después de tantos siglos de avance tecnológico, regresamos a comunicarnos nuevamente usando símbolos y jeroglíficos, como los llamados "emojis", palabra que proviene del japonés "imagen o caracter".

La tesis de este libro se basa fundamentalmente en presentar una serie de conceptos y herramientas sencillas, pero poderosas, que nos permitan:

- ***EXPRESARNOS DE UNA FORMA EFICAZ, EFICIENTE Y EFECTIVA.***

- ***EXPRESARNOS DE UNA FORMA AMABLE, HONESTA Y ASERTIVA PROVOCANDO QUE OTROS DESEEN ESCUCHARNOS.***

- ***ESCUCHAR ATENTAMENTE PARA ASÍ LOGRAR IDENTIFICAR EL EVENTO QUE NOS IMPACTÓ, EL EFECTO QUE NOS CAUSÓ EL EVENTO Y LAS EMOCIONES QUE EXPERIMENTAMOS.***

- ***ESCUCHAR PROPORCIONANDO EMPATÍA A LA PERSONA QUE ESTÁ EXPRESANDO, HACIENDOLA SENTIR ESCUCHADA, SEGURA Y AMADA.***

El primer paso para lograr que otros nos escuchen es comunicarnos de una forma adecuada. Desafortunadamente, generación tras generación hemos venido copiando la forma ineficaz y en ocasiones destructiva, en la que otros han intentado comunicarse entre sí. No hemos visto modelos de comunicación que produzcan relaciones sanas y saludables.

Esperamos con el corazón que este libro le permita desarrollar una comunicación más plena con los que le rodean. Siendo la comunicación una de las tres columnas en las que se cimenta el matrimonio, es fundamental manejarla adecuadamente, si deseamos tener un matrimonio sólido, satisfactorio y feliz.

Rogamos al Dios de Paz y Amor que "Comunicación Efectiva" le ayude a encontrar la forma adecuada en que pueda expresar sus emociones, sentimientos, miedos, preocupaciones, sueños. deseos, necesidades, etc. Expresarse de tal forma en que otros quieran escucharle y usted pueda sentirse plenamente validado y valorado.

"Los ojos de Jehová están sobre los justos, Y atentos sus oídos al clamor de ellos" Sal 34:14 (RV 1960)

David y Judith D´León

Dedicatoria

Con todo nuestro corazón,

o *A ABBA nuestro amado Padre celestial, quien en su amor y misericordia infinita nos ha llamado hijos.*

o *A todos aquellos que han sufrido el dolor profundo causado por la perdida.*

o *A nuestra amada hija Patty, su dulzura y amor nos llenan de paz y son un bálsamo a nuestras heridas.*

o *A nuestro amado yerno Alfonso, su disposición y solidaridad han traído calma y apoyo a nuestros momentos difíciles.*

o *A nuestra amada princesita Audrey, su ternura y sus hermosos detalles han llenado de flores nuestro corazón.*

o *A nuestra amada princesita Abby, su cariño y su alegría son una caricia y una fiesta para nuestra vida*

o *A todos aquellos que con sus palabras nos motivaron a escribir e hicieron posible esta colección de libros.*

Índice

INTRODUCCIÓN

NOTAS

Introducción

"Dios, habiendo hablado hace mucho tiempo, en muchas ocasiones y de muchas maneras a los padres por los profetas, en estos últimos días nos ha hablado por {su} Hijo" Heb 1:1-2 (RV 1960)

La Comunicación es un concepto tan común como mal interpretado, muchas veces mal usado, e inclusive en ocasiones ignorado. La raíz etimológica de esta palabra es, por sí misma, ya bastante compleja, debido a sus cuatro componentes léxicos latinos:

- **Con** – *enteramente, globalmente*
- **Munus** – *cargo, deber, ocupación*
- **Icare** – *convertir en*
- **Ción** – *acción, efecto*

*La palabra "comunicación" proviene del latín "communicatio" y significa **"acción y efecto de transmitir y recibir el mensaje"**.*

https://etimologias.dechile.net/?comunicacio.n

Es interesante notar cómo los seres vivos tienen una necesidad imperiosa de comunicarse. Podemos encontrar una gran cantidad de estudios e investigaciones académicas serias acerca de esto. Las plantas, por ejemplo, aunque no siempre podríamos percibirlo a simple vista, o a través del oído humano, tienen sistemas complejos de comunicación.

Las plantas se comunican por medio de sus raíces, componentes orgánicos volátiles, señales eléctricas, redes entrelazadas de raíces y microrganismos en el subsuelo. (Wenke, Kai y Piechulla 2009)

Las plantas se comunican con otras plantas, de la misma o de diferente especie, por medio de insectos, hongos e incluso a través de animales. (Leonard y Francis 2017)

Al principio, esto puede parecer descabellado. Sin embargo, estudios científicos recientes, realizados por universidades como la Universidad de Arizona – UA o por el Instituto Nacional de Salud – NIH demuestran la forma en que esto sucede.

"Aunque su comunicación no es audible por el oído humano, las plantas envían señales internas todo el tiempo."

https://cronkitenews.azpbs.org/2022/02/18/crop-talk-uarizona-scientists-learning-how-plants-communicate-with-their-environment/

Por otro lado, no nos cuesta mucho comprobar que la comunicación entre animales existe. Ejemplo de esto lo encontramos en la respuesta audible de los perros cuando se escucha el sonido de la sirena de una ambulancia, de un camión de bomberos, o de una patrulla de policía. Esto es semejante a la respuesta de los lobos: cuando un lobo aúlla, los demás responden aullando a ese llamado.

Jack W. Bradbury, profesor emérito del departamento de Neurobiología y Comportamiento de la Universidad de Cornell, y miembro de la comunidad científica; ha realizado más de 43 publicaciones académicas acerca de este tema; así como una cantidad de libros asociados con la comunicación humana.

La ciencia formal que se encarga de estudiar esto es la "Zoo-semiótica" rama de la "Bio-semiótica" que estudia los métodos que usan los animales para comunicarse entre sí. La comunicación entre animales se establece de formas químicas, acústicas, visuales, eléctricas, o a través de vibraciones. De todas y cada una de estas formas, podríamos citar una cantidad de ejemplos, pero este no es el objetivo de este libro.

Hemos descrito la importancia de la comunicación para todos los seres vivos. Ahora podemos concentrarnos en un estudio más detallado de la "Antropo-semiótica" que estudia la importancia de la comunicación entre los seres humanos.

Los seres humanos fuimos diseñados como seres especialmente relacionales. La comunicación es lo que hace posible que podamos relacionarnos. El primer pensamiento de Dios cuando el hombre fue creado fue:

"No es bueno que el hombre esté solo; le haré ayuda idónea para él"
Gén 2:18 (RV 1960)

Termómetro de Comunicación

En general podemos evaluar la **CALIDAD DE NUESTRA COMUNICACIÓN** con nuestra pareja en términos de:

- ¿Qué tanta satisfacción y felicidad me proporciona hablar con mi pareja?

- ¿Qué tan escuchado(a) me siento cuando hablo con mi pareja?

- ¿Qué tan validado(a) y valorado(a) me siento cuando hablo con mi pareja?

- ¿Con que confianza y tranquilidad me comunico con mi pareja?

- ¿Qué tan gratificantes son nuestras conversaciones?

- ¿Qué tan efectivas son para resolver nuestros desacuerdos, malentendidos y retos?

Pensando de forma general ¿en cuál número calificaría usted su comunicación para con su pareja?

- **Califique con 0** si usted siente que su comunicación con su pareja es muy pobre y necesita mejorar.

- **Califique con 10** si considera que su comunicación con su pareja es eficaz, eficiente y completamente efectiva.

Por favor ilumine la casilla con el número escogido.

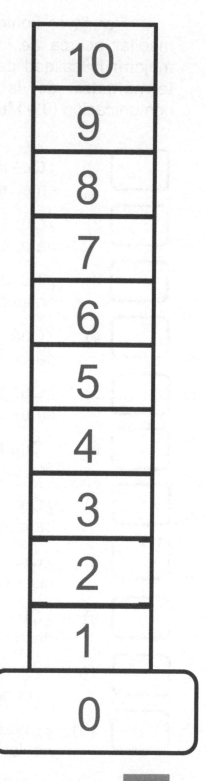

Ejercicio

Por favor conteste las siguientes preguntas. Éstas le ayudarán a meditar acerca de los cambios necesarios, que se pueden hacer para mejorar la calidad de su comunicación. En cada una de ellas **utilice el termómetro de la comunicación** para calificar la calidad de su comunicación **(0 – Muy pobre … 10 – Fantástica).**

1) ¿Qué tan importante considera usted que es la comunicación, en el matrimonio?

2) ¿Qué tan importante considera usted que es la comunicación para resolver desacuerdos, malentendidos y retos?

3) ¿Tiene que repetir varias veces lo que dice para que le entiendan?

4) ¿Qué tan escuchado(a) se siente cuando habla con su pareja?

5) ¿Qué tanta satisfacción y felicidad le proporciona hablar con su pareja?

6) ¿Qué tan validado(a) y valorado(a) se siente cuando habla con su pareja?

7) ¿Con que confianza y tranquilidad se comunica con su pareja?

8) ¿Qué tan gratificantes son las conversaciones, diálogos o discusiones que tiene con su pareja?

9) ¿Qué tan efectivas son sus conversaciones para resolver sus desacuerdos, malentendidos y retos?

10) Cuando sucede un problema, ¿prefiere callar y dejarlo pasar, para no crear un problema mayor?

11) Si necesita comentar algo, ¿lo piensa dos veces antes de hablar con su pareja?

☐ 12) Cuando habla con su pareja de algo que necesita arreglarse, ¿se pone nervioso(a) o estresado(a)?

☐ 13) Cuando usted y su pareja intentan resolver algo, ¿terminan alterados o levantando la voz?

☐ 14) Cuando hablan de algo que necesita arreglarse, ¿no llegan a un acuerdo porque terminan hablando de otras cosas?

☐ 15) ¿Con que frecuencia su pareja le ha dicho que no hable de varias cosas al mismo tiempo?

☐ 16) Cuando su pareja le habla, ¿usted deja de hacer lo que está haciendo para prestarle toda su atención.

☐ 17) Cuando usted habla, ¿su pareja deja de hacer lo que está haciendo para prestarle toda su atención?

☐ 18) ¿Siente que usted o su pareja son bruscos o ásperos cuando se dicen las cosas?

☐ 19) Cuando usted y su pareja hablan de algo importante, ¿se miran a los ojos?

☐ 20) Cuando usted y su pareja hablan de algo importante, ¿muestran interés en lo que el otro está diciendo?

☐ 21) Cuando su pareja le habla de algo que desea resolver, ¿la hace sentirse agredida o atacada?

☐ 22) Cuando usted y su pareja hablan de algo importante, ¿buscan aclarar y evitar malentendidos?

☐ 23) Cuando uno de los dos levanta la voz durante la conversación, ¿se dan un tiempo para calmarse?

☐ 24) Cuando usted y su pareja hablan de algo importante, ¿se interrumpen y se desesperan?

☐ 25) Cuando usted y su pareja hablan de algo importante, ¿suelen darse malentendidos?

Ahora sume todos sus puntos ☐

Si la suma de todas sus respuestas es 125 o menos:

Seguramente su relación está sufriendo por la falta de unas buenas herramientas de comunicación. Probablemente en ocasiones el tono o el volumen de su voz, o las palabras que ha llegado a usar en su mensaje han provocado una discusión acalorada. Quizá puede haber llegado a sentir que hablar de algo, podría llegar a ser peor, por lo que ha preferido callar.

Pero no se desanime hay una gran esperanza para usted y su pareja. Las herramientas que aprenderá en este programa le ayudarán a que sus diálogos sean más efectivos y placenteros. Se le enseñarán conceptos que le permitirán conservar la calma, especialmente en esos momentos difíciles, en los que el termómetro de nuestras emociones está llegando al límite. Le ayudará además a sentirse más cómodo(a), compartiendo sus ideas y anhelos, sus sueños y proyectos, sus preocupaciones y miedos, sus alegrías y sinsabores. Pero, sobre todo, podrá expresarle con mayor libertad a su pareja, esos Eventos/Retos que le provocan emociones fuertes.

Si la suma de todas sus respuestas es entre 125 y 180

La calidad de su comunicación es en promedio aceptable. Sin embargo, hay todavía un buen espacio para mejorar. Probablemente no haya tantos malentendidos, pero tanto como el que expresa como el que escucha tienen la necesidad de comunicarse mejor. Probablemente haya momentos en los que cuando se expresa no se sienta plenamente escuchado(a). Probablemente cuando su pareja se expresa le provoque en ocasiones el ponerse a la defensiva o inclusive ganas de devolver el ataque. Probablemente cuando su pareja se expresa haya ocasiones en que le haga sentir culpable, o que usted sienta que solamente le habla para quejarse o para reprocharle algo. Definitivamente estas nuevas herramientas que aprenderán cambiarán ese panorama medio gris y le harán sentir que su relación es ahora más plena y feliz.

Si la suma de todas sus respuestas es mayor a 180

La calidad de su comunicación es buena y es mejor, mientras más se acerque a 250. Aun así, le recomendamos encarecidamente que aprendan estas herramientas que les abrirán los ojos a una nueva dimensión. Le impulsarán a comunicarse más y aún mejor de lo que ya lo hacen. Le será más fácil hablar de las cosas buenas y de las cualidades de su pareja; en vez de hablar solamente de sus errores y defectos. Le garantizamos que quedará muy satisfecho con los resultados.

HERRAMIENTA

COMUNICACIÓN
EFECTIVA

Illustration 109179903 © Anatoly Maslennikov | Dreamstime.com [iv]

NOTAS

Comunicación Efectiva

"La comunicación es un camino de dos sentidos: uno que va (expresar) y otro que regresa (escuchar)" David D´Leon

Efectivamente, la comunicación no es solamente alguien que habla. Cualquiera puede hablar, pero muy pocos se pueden expresar de tal manera, que comuniquen el mensaje Eficaz, Eficiente y Efectivamente.

Pero qué significan estos tres conceptos que usualmente son usados de forma indiscriminada. Inclusive, en ocasiones, se les ha llegado a confundir como sinónimos el uno del otro, sin embargo, no es así. A continuación, presentamos de forma simple la diferencia entre cada uno de ellos: Tomemos como ejemplo que *"Deseo lavar mi camioneta"*

1) **COMUNICACIÓN EFICAZ** – Capacidad de comunicarse y lograr en los demás el efecto que se desea o que se espera. Como ejemplo de esto:

   ¿Juanito, podrías traerme agua por favor? – Juanito me trae una botella de agua para tomar.

2) **COMUNICACIÓN EFICIENTE** – Capacidad de comunicarse eficazmente logrando impactar a alguien para que haga, o no haga, diga o no diga. Como ejemplo de esto:

   Juanito, estoy lavando el vehículo ¿podrías traerme agua para lavar el vehículo por favor? – Juanito me trae una cubeta con agua.

3) **COMUNICACIÓN EFECTIVA** – Capacidad de comunicarse eficientemente logrando de forma óptima los resultados deseados. Como ejemplo de esto:

   Juanito, estoy lavando la camioneta ¿Podrías traerme la manguera y abrir el grifo del agua por favor? – Juanito me trae la manguera para lavar el vehículo y le abre al grifo del agua para que pueda realizar esta tarea.

Errores de Comunicación

Algunos de los errores más comunes de la comunicación son:

1)   Asumimos que cuando hablamos, la otra persona nos está prestando completa atención.

¿Qué no escuchaste lo que te dije? ¿Por qué tengo que repetirte las cosas todo el tiempo? ¿Nunca me prestas atención?

2)   Asumimos que la otra persona sabe perfectamente de que estamos hablando.

¿Sabes de lo que estoy hablando, no es así? ¿Cómo es que no me entendiste, era obvio no? ¿Acaso tengo que explicártelo más claro?

3)   Asumimos que la otra persona entendió en su totalidad el mensaje que le queríamos transmitir.

¿Cómo que no entendiste lo que te dije? ¿No sé por qué no lo hiciste como te dije, si es algo tan simple de entender?

4)   Asumimos que, porque nos conoce la otra persona, es obvio que sabe en todo momento que es lo que realmente queremos.

¿No entiendo por qué? ¡Me conoces perfectamente! ¿Cómo es que no sabes si tenemos tanto tiempo juntos? ¿Vamos, ya sabes que es lo que me gusta, quiero, necesito, deseo…?

5)   Asumimos que la otra persona está tan interesada como nosotros en la situación.

¿Pero es que yo pensé que, así como yo, tú también…? ¿Cómo es que no te interesa? ¡No es posible que no pensemos igual de esto!

6)   Asumimos que después de tanto tiempo juntos, la otra persona sabe perfectamente de nuestros gustos, necesidades, sueños, miedos y deseos.

¿Cómo me pediste eso si sabes que no me gusta? ¿Cómo es que no te fijas en lo que realmente quiero? ¡Es que eso ya lo deberías de saber! ¡No es posible que todavía me preguntes?

Ejercicio

Illustration 41001519 © Roberto Giovannini | Dreamstime.com

Observe la página anterior y escriba las veces que usted ha asumido algunos de los puntos mencionados anteriormente.

1) Asumimos que cuando hablamos, la otra persona nos está prestando completa atención.

   _____

   _____

2) Asumimos que la otra persona sabe perfectamente de qué estamos hablando.

   _____

   _____

3) Asumimos que la otra persona entendió en su totalidad el mensaje que le queríamos transmitir.

   _____

   _____

4) Asumimos que la otra persona, porque nos conoce, es ovio que sabe en todo momento que es lo que realmente queremos.

   _____

   _____

5) Asumimos que la otra persona está tan interesada como nosotros en la situación.

   _____

   _____

6) Asumimos que después de tanto tiempo juntos, la otra persona sabe perfectamente acerca de nuestros gustos, necesidades, sueños, miedos y deseos.

   _____

   _____

Es por demás ilógico, pero al mismo tiempo tan común, asumir que, por vivir juntos nuestra pareja debe conocernos. Si así lo hacemos, en la mayoría de los casos vamos a salir desilusionados, decepcionados, frustrados, confundidos o inclusive molestos con la otra persona. Aun cuando esto suene un poco descabellado, todos hemos cometido, en algún momento, alguno o algunos de estos errores de comunicación. No sería nada extraño que inclusive hayamos usado algunas de estas mismas preguntas o afirmaciones a lo largo de nuestra vida juntos.

El problema es que imitamos lo que hemos aprendido de aquellos con los que hemos convivido. A eso se le llama cultura heredada. Debemos de tener especial cuidado de no caer en algunas de esas trampas. Sería tanto como asegurar que la otra persona tiene la capacidad de adivinar nuestros pensamientos, sentimientos, emociones, etc. Como mencionó el célebre dramaturgo George Bernard

"El mayor problema de la comunicación es la ilusión de que se ha logrado".

Las Sagradas Escrituras son claras cuando hablan acerca de este tema. Si deseamos o necesitamos algo, tenemos que expresarlo y no asumir que nuestra pareja tiene la obligación de adivinar. Esto definitivamente, no es posible.

*"**Pedid, y se os dará**; buscad, y hallaréis; llamad, y se os abrirá. Porque **todo aquel que pide, recibe**; y el que busca, halla; y al que llama, se le abrirá" Mat 7:7 (RV 1960)*

Pedid, ¡qué difícil es esto cuando nos enseñaron que nuestra pareja es la encargada de suplir nuestras necesidades! Sin embargo, ¿cómo se puede suplir aquello que no se sabe, que es una necesidad o un deseo? Esto es absolutamente descabellado, no obstante, los matrimonios sufren mucho por esta causa. *Cuántas veces se le ha preguntado ¿A dónde quieres ir a comer? Y su respuesta ha sido ¡a donde tú quieras! Momentos después se encuentra frustrado(a) porque no es el lugar al que usted quería ir.*

La comunicación no solo involucra expresarnos correctamente. El segundo componente, de igual importancia, es el escuchar atentamente. Hablaremos con más detalle acerca de estos dos componentes en los capítulos siguientes.

HERRAMIENTA

#2

LAS EMOCIONES

Illustration 109179903 © Anatoly Maslennikov | Dreamstime.com

NOTAS

Las Emociones

"Emoción sin expresión, puede provocar depresión"
Sabiduría Popular

Dentro de la cultura latina, la expresión de las emociones era algo casi desconocido, especialmente en las generaciones pasadas. Se privó a los pequeños de la oportunidad de expresar sus emociones o sentimientos. En lugar de ser escuchados, validados y valorados, se les obligó a callar. En lugar de ser enseñados a regular sus emociones, se les amenazó con el tan usado método de la inquisición, el castigo. En lugar de la razón, se usaron métodos de coerción como los gritos, la violencia, la amenaza, el abuso, la manipulación, el control y el castigo. Esto provocó que generación tras generación, hubiera gente desregulada emocionalmente, que fácilmente explotaba en ira y violencia.

Las emociones son generadas por nuestro cuerpo naturalmente. No son algo que podemos crear por nosotros mismos a placer. Son necesarias para vivir una vida sana, saludable. Son indispensables para sobrevivir a los peligros diarios que se presentan en la vida. Son fundamentales para formar relaciones felices.

Sin embargo, de igual manera que la comunicación, las emociones han sido mal conceptualizadas. Se les ha confundido frecuentemente con los sentimientos. Es importante que hablemos de las emociones y los sentimientos ya que estos forman parte inseparable de nuestra comunicación. Tanto cuando expresamos, como cuando escuchamos, nuestras emociones y nuestros sentimientos juegan un papel sumamente importante para que la comunicación sea efectiva.

Así que comencemos por entender qué son las emociones, por qué, cuándo y dónde aparecen. Comencemos por lo anatómico, pero sin que se convierta esto en un tratado de anatomía. Las emociones son la respuesta que nuestro hipocampo produce, como consecuencia del disparo hormonal generado por el último órgano del sistema límbico, la amígdala. Uf, esto parece muy difícil de entender. Trataré de explicarlo de una forma más sencilla a través de dos diagramas.

Nos gustaría mostrar de forma sencilla lo que sucede en nuestra cabeza. Por años se nos enseñó que el órgano que tenemos en la cabeza es el cerebro. Sin embargo, con el paso de los años y el avance de las ciencias hemos descubierto que, así como el cerebro, hay también otros órganos en nuestra cabeza. Deseamos mostrarle la forma en que algunos de nuestros órganos se comunican.

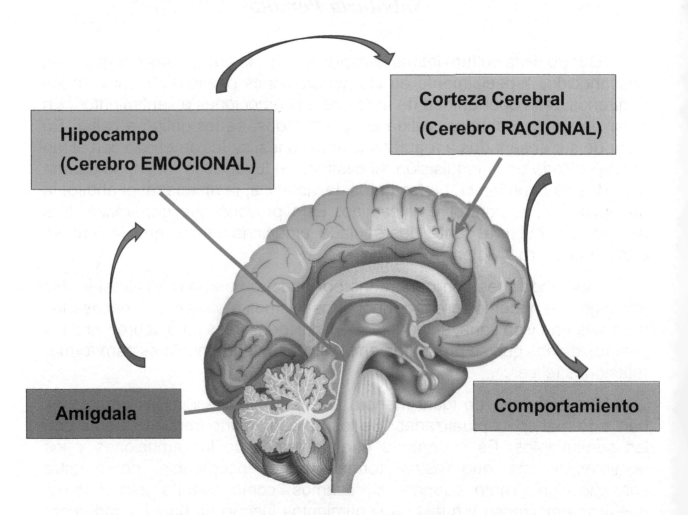

Illustration 54986718 © Gunita Reine | Dreamstime.com ᵛ

A través de cualquiera de nuestros sentidos, podemos llegar a percibir un evento determinado. El sentido del olfato, la vista, el gusto, el tacto, el oído son receptores extraordinarios de todo aquello que sucede a nuestro alrededor. Cada uno de ellos es de vital importancia para que nuestro cuerpo descubra lo que sucede allá afuera. Lo bueno, lo malo y lo feo que sucede a nuestro alrededor, genera en nosotros una acción o una reacción que puede, en su momento, hacernos sentir enamorados o salvarnos la vida.

Cuando el cerebro emocional se enciende, el cerebro racional se apaga.

Cuando el cerebro racional se enciende, el cerebro emocional se apaga.

Esto se debe a que estos dos órganos tienen funciones diferentes, y solamente uno de los dos está encendido, mientras el otro permanece apagado.

Nuestro cerebro emocional produce de forma automática, reacciones sobre las cuales no tenemos ningún control, ya que se producen a un nivel neuronal. Es decir, no son pensadas o premeditadas, no interviene ningún pensamiento previo para que éstas se produzcan.

Illustration 144840126 © Memoangeles | Dreamstime.com [vi]

El cerebro racional, por su parte, produce acciones o comportamientos. En estos diversos factores intervienen: el análisis, proceso, solución y almacenamiento del evento, las emociones y las memorias. Esto produce pensamientos y sentimientos que son los que generan las acciones o comportamientos.

Parece complicado, pero realmente no lo es, lo mostraremos a través de la siguiente ilustración:

Vamos caminando por la calle y aparece frente a nosotros un perro enorme, gruñendo y enseñando los colmillos, amenazando atacarnos.

Nuestro cerebro racional diría: Hmmm, ¿por qué estará suelto ese perro? ¿por qué quiere atacarme, acaso le habré hecho algo? ¿Dónde estará el dueño para que lo amarre? ¿Qué sería recomendable hacer ahora? El problema es que en lo que encontramos respuesta a todos y cada uno de estos pensamientos, el animal terminó atacándonos.

Nuestro cerebro emocional diría: ¡PELIGRO, Salva tu vida! Salta a un árbol, corre como nunca, defiéndete o ataca con todo lo que puedas.

Mi pregunta es ¿Sería conveniente que el cerebro racional tomara el control y respondiera todas sus preguntas? O ¿Sería conveniente que los dos cerebros tomaran su tiempo para ponerse de acuerdo y decidir qué hacer? O ¿Sería conveniente que el cerebro emocional tomara el control de esta situación y nos ayudara a salvar nuestra vida?

Illustration 142417187 | Background © Mstan | Dreamstime.com

Cuando el cerebro emocional toma el control en una situación como ésta, es porque la amígdala generó un latigazo de adrenalina y cortisol. La adrenalina prepara los músculos para responder al peligro. El cortisol prepara nuestra respuesta neurológica para responder de acuerdo con la situación. Esas dos drogas juntas generan la emoción de la IRA. Esta emoción aparece cuando nos sentimos agredidos por algo, porque sentimos que algo puede lastimarnos o lastimar a alguien.

La IRA es una emoción delicada de tratar. Es, por un lado, muy importante porque es la que nos puede salvar la vida. Por otro lado, puede ser sumamente destructiva, si no la sabemos controlar. Puede inclusive destruirnos a nosotros mismos y a aquellos que nos rodean.

Es por esto por lo que debemos introducir un concepto nuevo "La IRA es una emoción secundaria". Este concepto nos ayudará en la difícil tarea de identificar eficazmente nuestros sentimientos y emociones. Por lo tanto, cuando se trata de relaciones, es de vital importancia que cuando expresemos, lo hagamos teniendo siempre presente que:

"LA IRA ES UNA EMOCIÓN SECUNDARIA"

Cuando llegamos a sentir algunos de los sentimientos asociados con la emoción de la ira, como resultado de algún evento / reto en nuestras relaciones, la ira es definitivamente una emoción secundaria. Es decir, debemos encontrar cuál fue realmente la emoción primaria, la emoción que al no ser resuelta provocó una segunda emoción, la ira. Es con esa emoción primaria con la que debemos trabajar, si deseamos RESOLVER.

La emoción de la ira no nos ayudará en el proceso de expresarnos exitosamente. La ira es dispositivo provocador, que cuando se expresa, es explosiva, implacable y destructiva, no se detiene ante nada ni ante nadie, no tiene misericordia alguna. No busca RESOLVER, sino acabar con la persona que la provocó. Es una emoción especialmente egoísta que sólo busca su satisfacción personal.

Cuando la ira es expresada, es común que cause en la persona que escucha: confusión, frustración, miedo, inseguridad, resentimiento, enojo, furia y, en ocasiones, deseos de venganza. El único mensaje que su cerebro recibe es: *¡PELIGRO, no te muevas! ¡PELIGRO, corre! ¡PELIGRO, defiéndete! ¡PELIGRO, ataca!* Esto hace imposible que escuche el mensaje, lo procese, lo reciba y resuelva. Su cerebro emocional está en estado de ¡ALERTA!, y por esa razón tiene el control. Su cerebro racional esta apagado por completo. El cerebro emocional es un cerebro exclusivamente reactivo, no pensante.

El que expresa su ira se convierte en un agresor potencial. Provoca que la persona que escucha reaccione de cualquiera de las cuatro formas siguientes:

1) **Se Congele** – Esta es una reacción natural que en la naturaleza se le llama mimetismo. Su propósito es lograr confundirse con el medio ambiente para que el agresor no nos descubra. Esa es una reacción del cerebro primitivo. En nosotros, nuestro cerebro intenta al no moverse, que el agresor no se exalte más y que decida finalmente alejarse al no encontrar oposición.

   Esto provoca en el agresor frases como: ¡Pero habla, di algo! ¿Qué no vas a hacer nada? ¡Tienes atole en las venas! ¡Parece que nada te importa!

2) **Huya** – Con esta reacción nuestro cerebro nos impulsa a salvar nuestra vida, alejándonos del peligro lo más rápido posible y lo más lejos posible. El propósito de esto es evitar el enfrentamiento y la confrontación. No deseamos involucrarnos en una batalla con un oponente que se encuentra furioso. No nos interesa la victoria en la batalla, nos interesa no salir lastimados o no lastimar a nadie. Esta reacción moviliza primariamente nuestros pies.

Esto provoca en el agresor frases como: ¡No huyas cobarde! ¿Por qué te vas y me dejas hablando solo(a)? ¿Por qué te das la vuelta cuando te estoy hablando? ¡No te vayas que aún no he terminado!

3) **Se Defienda** – Con esta reacción nuestro cerebro nos hace, figurativamente levantar las manos, movernos de un lado para el otro o balancearnos como los boxeadores. Esto es con el fin de evitar que nos golpeen, nos lastimen o nos manden a la lona. Cuando el cerebro detecta que hay un agresor que representa peligro se pone en estado de alerta y nos prepara para defendernos.

Esto provoca durante la confrontación frases como: ¡Sólo escusas escucho siempre de ti! ¡Pretextos, pretextos y pretextos! ¡Toda la vida te la pasas diciendo que lo sientes! ¡Ya no creo eso de que nunca va a volver a pasar!

4) **Ataque** – Esta es otra de nuestras reacciones de supervivencia. Cuando nos sentimos atacados, respondemos agresivamente para asegurarnos de no salir lastimados. Cuando el agresor no se detiene y su ataque es más agresivo, nosotros respondemos al mismo nivel o inclusive más agresivamente. Pensamos que, si gritamos, manoteamos y decimos cosas que lastimen al agresor ganaremos la batalla y esto se detendrá.

Esto provoca durante la confrontación palabras, frases, ademanes y tonos de voz que lastiman a ambos. La amenaza, la manipulación, el control y el abuso verbal son comunes cuando el que escucha reacciona atacando.

Recuerde que la palabra nos enseña esto de una forma sencilla pero poderosa:

"La blanda respuesta quita la ira;
Mas la palabra áspera hace subir el furor.
La lengua de los sabios adornará la sabiduría;
Mas la boca de los necios hablará sandeces." Pro 15:1-2
(RV 1960)

DIAGRAMA DEL IMPACTO DE LOS EVENTOS EN NOSOTROS

EVENTO	⟹	EMOCIÓN	⟹	REACCIÓN
EMOCIÓN	➕	MEMORIAS	⟹	SENTIMIENTOS
SENTIMIENTOS	➕	PENSAMIENTOS	⟹	COMPORTAMIENTO
COMPORTAMIENTO	➕	TIEMPO	⟹	ACTITUD

UN EVENTO ES CUALQUIER COSA QUE CAUSE UN IMPACTO EN NOSOTROS

Un **Evento** puede ser algo que sucedió en el pasado, que está sucediendo en el presente, o inclusive algo que puede llegar a suceder en el futuro. Un evento puede involucrar también el comportamiento de alguien. Este comportamiento puede ser algo que alguien dijo o que no dijo, algo que alguien hizo o que no hizo.

Este evento provoca en nosotros una **Emoción**. Puede provocarnos ira, tristeza, miedo, felicidad, soledad o vergüenza. Estas son generalmente las seis emociones más comúnmente consideradas por la Psicología moderna. La emoción provocada, depende exclusivamente de la información obtenida por nuestros sentidos acerca del evento.

DAVID & JUDITH D´LEON 31

Una vez que la emoción es definida, ésta provoca en nosotros una **Reacción**. Las reacciones perceptibles las podremos notar a simple vista, a través de una expresión vocal, un ademán, un gesto, una exclamación, un movimiento o por un posicionamiento corporal. Las imperceptibles, no se notan a simple vista, porque se dan a nivel orgánico o glandular.

Es importante notar que las reacciones son generadas en un nivel neuronal. Es decir, no involucran un razonamiento previo. Un ejemplo de esto es: cuando un objeto se acerca a nuestra cara podemos reaccionar cerrando los ojos, moviendo nuestra cabeza, agachándonos, o dando un manotazo. Como podemos observar ninguna de estas reacciones involucran algún proceso del cerebro racional. ¡Este diseño es perfecto! Si el cerebro racional se involucrara en situaciones como la que describimos; mientras el cerebro racional recibe, procesa, analiza y resuelve el evento (un objeto se acerca a nuestra cara), el objeto finalmente acabaría golpeándonos la cara.

Esto parece muy obvio, sin embargo, no lo hemos considerado a fondo. Muchos de los que consideramos comportamientos son exclusivamente meras reacciones involuntarias. Es por eso, por lo que, sin detenernos a meditar un momento, en ocasiones hacemos a las personas culpables de lo que hacen o no hacen, dicen o no dicen. Ahora, gracias a estos nuevos conceptos podemos entender que no toda forma de expresión es un comportamiento. Es decir, no todo el que se sienta es flojo, algunas veces podría ser producto de la necesidad de descansar, después de una actividad extenuante. No todo el que come es tragón, puede ser producto del metabolismo y la necesidad de alimentarse.

Por otro lado, una Emoción ligada a una **Memoria** genera un **Sentimiento**. Las emociones son familias de sentimientos. Esto es, cada sentimiento está ligado a una emoción. Ejemplo de esto es: cuando vemos un lago experimentamos alegría, porque recordamos cómo nos divertíamos cuando pescábamos con papá, eso nos hace sentir mucha paz.

Los Sentimientos activan nuestro cerebro racional y provocan la necesidad de que genere un **Pensamiento**. El cerebro racional recibe la información producida por la emoción, por las memorias ligadas al evento y por los sentimientos. Esto hace que se genere un **Comportamiento**. Si continuamos con el ejemplo anterior, podría provocar que la persona busque pasar más tiempo cerca de algún lago. Sentirá que la cercanía o la frecuencia de sus visitas a algún lago le recordarán la alegría que sentía y le traerá paz.

Si el comportamiento se repite con frecuencia, al paso del **Tiempo** generará una **Actitud**, una forma de ser, de sentir y de pensar. Es lo que conocemos por costumbres o tradiciones personales. Las costumbres y tradiciones comienzan generalmente en un evento experimentado por una persona. La relación y convivencia de esta persona con su comunidad conlleva la oportunidad de impactar a otros y generalizarse. Esto es lo que da origen a los mitos, leyendas, ritos, creencias, costumbres y tradiciones.

Es increíble lo importante que este diagrama tiene en nuestra vida relacional. Descubre para nosotros un panorama antes desconocido. La información que nos presenta abre nuestros ojos al entendimiento de las funciones de los cerebros emocional y racional, de las emociones, los sentimientos, las reacciones y los comportamientos. De la misma forma nos hace reflexionar sobre nuestros juicios, en ocasiones erróneos, acerca del comportamiento de las personas.

Ejemplo

Podemos aclarar mejor todo esto que parece un rompecabezas si mencionamos un ejemplo de este proceso:

1) **EVENTO**: *Cuando éramos pequeños comimos sin querer una comida muy caliente. Esto nos provocó las emociones de ira y disgusto. Reaccionamos escupiendo la comida que nos quemó la boca.*

2) **EMOCIÓN**: *Estas emociones de suman a la memoria de la comida caliente generando un sentimiento de rechazo a las comidas calientes.*

3) **SENTIMIENTO**: *Este sentimiento de rechazo a las comidas calientes se suma a pensamientos de previsión y protección que generan un comportamiento "NO a las comidas calientes".*

4) **COMPORTAMIENTO**: *Ese rechazo a las comidas calientes con el tiempo nos mantendrán alertas y nos harán tener mucho cuidado con la temperatura de la comida que nos llevamos a la boca.*

Ejercicio

Illustration 41001519 © Roberto Giovannini | Dreamstime.com

Observe la página anterior y escriba un ejemplo similar al de la página 26. Procure que cubra los 4 pasos del diagrama: EVENTO, EMOCIÓN, SENTIMIENTO Y COMPORTAMIENTO.

1) **EVENTO:** _____

_____

_____

_____

_____

2) **EMOCIÓN:** _____

_____

_____

_____

_____

3) **SENTIMIENTO:** _____

_____

_____

_____

_____

4) **COMPORTAMIENTO:** _____

_____

_____

_____

_____

HERRAMIENTA

#3

LOS
SENTIMIENTOS

NOTAS

Los Sentimientos

"Oír con los ojos es una de las agudezas del amor"
William Shakespeare

Como mencionamos anteriormente, no tenemos ningún control sobre las emociones, son generadas a nivel neuronal. Los sentimientos, por otro lado, son generados por experiencias previas, memorias de nuestro pasado. Son nuestros sentimientos los que dan forma a nuestra manera de pensar. A través de los sentidos, los eventos que suceden en nuestro entorno, causan un efecto en nuestra amígdala. Primeramente, debemos aprender que en nuestra cabeza existen otros órganos aparte de nuestro cerebro como el hipocampo y la amígdala. Por supuesto, cada uno de esos órganos tiene una función diferente.

Nos gustaría mostrarles, a través de un diagrama, el proceso que surge en nuestra cabeza cuando alguno de nuestros sentidos detecta un evento.

DIAGRAMA DEL PROCESO DE LOS EVENTOS EN NUESTRA CABEZA

EVENTO	➡	SENTIDOS	➡	AMIGDALA
AMIGDALA	➡	HORMONAS	➡	HIPOCAMPO
HIPOCAMPO	➡	EMOCIONES	➡	REACCIÓN
REACCIÓN	➡	CORTEZA	➡	MEMORIAS
			✚	SENTIMIENTOS
			✚	PENSAMIENTOS
			═	COMPORTAMIENTO

De igual forma que en el diagrama anterior, usaremos un ejemplo sencillo. Esto nos ayudará a entender mejor lo que parece tan complejo y que en realidad no lo es. Sin embargo, en esta ocasión usaremos algunos órganos de nuestra cabeza para entender mejor qué es lo que sucede en nosotros internamente. Entender esto es fundamental para comenzar a comprender por qué nos sentimos como nos sentimos, y por qué reaccionamos o por qué nos comportamos como lo hacemos cuando algo sucede.

1) **EVENTO**: Cuando me regalaron una bicicleta, al comenzar a usarla vi que me acercaba a una bajada pronunciada.

2) **AMÍGDALA**: Mi amígdala generó un disparo de cortisol y de adrenalina que puso en estado de alerta a mi cerebro y a mis músculos.

3) **HIPOCAMPO**: Mi hipocampo detectó una gran cantidad de estas hormonas, y me hizo reaccionar metiendo los frenos de inmediato. Desgraciadamente, mi cerebro no tenía ninguna memoria sobre cómo controlar una bicicleta en una bajada.

4) **CORTEZA CEREBRAL**: Lo que tenía que pasar, pasó, me caí y me lastimé seriamente. Mi cerebro generó una memoria desagradable que, al mezclarse con sentimientos de frustración e impotencia, provocó en mí pensamientos negativos acerca de las bicicletas. Desde ese entonces, me abstengo en absoluto de subir a ningún vehículo que tenga solamente dos ruedas.

Aparecen ahora en nuestra ecuación las hormonas, tan mencionadas, pero tan poco entendidas. Las hormonas son substancias generadas por la amígdala y sirven como neurotransmisores. Es por medio de ellas que nuestro cerebro, y nuestros órganos, saben que está sucediendo allá afuera. De no ser por ellas, nuestro cerebro y nuestro sistema óseo, circulatorio y muscular no sabrían que hacer, ni cómo reaccionar. Mencionaremos a continuación, algunas de las hormonas más comunes y usadas.

1. **ADRENALINA:** Hormona del PELIGRO.

Actúa a nivel físico. Produce una respuesta del organismo encaminada a prepararle para la reacción de huida, lucha, miedo, etc. Tiene efectos sobre distintos órganos y partes del organismo (corazón, pulmones, metabolismo, ojos, riñones, sistema nervioso central...)

2. **CORTISOL**: Hormona del ESTRÉS.

Actúa a nivel neuronal. Es el mayor NEUROTRANSMISOR. Aumenta el azúcar en la sangre, aumenta la distribución de sustancias que reparan los tejidos, hace trabajar el sistema endocrino y mantiene el nivel de alerta por 6 horas.

3. **DOPAMINA**: Hormona del PLACER.

Es especialmente importante para la función motora del organismo y para todas las respuestas nerviosas que están relacionadas con la expresión de las emociones. Regula la duración de la información y de los recuerdos. Activa un mecanismo cerebral que se llama circuito de recompensa que hace que tendamos una y otra vez a repetir comportamientos y consumos en busca de esa sensación.

4. **SEROTONINA**: Hormona de la FELICIDAD.

Relacionada con el control de las emociones y el estado de ánimo. Regula el apetito causando la sensación de saciedad. Maneja el apetito sexual y controla la temperatura corporal.

5. **ENDORFINA**: Hormona de la EUFORIA.

Genera un efecto de bienestar, placer y tranquilidad. Así, la ausencia o deficiencia de ellas puede producir estados de depresión y/o desequilibrio emocional. Tienen la labor de intervenir en el proceso del dolor. Sirven en nuestro cuerpo como un analgésico en casos de dolor, en situaciones de hambre.

Es el turno de hablar de la relación que existe entre las emociones y los sentimientos. Las emociones son prácticamente familias de sentimientos que se agrupan según su respuesta emocional, física y mental. Desgraciadamente, el desarrollo, el estudio y el trabajo de investigación de las neurociencias está apenas comenzando y no se han podido identificar claramente estas agrupaciones de sentimientos. De tal forma que, hay autores que definen 5 familias o emociones, y hay algunos otros que definen 6 o hasta 7 familias de sentimientos o emociones. Para efectos de este material usaremos el más reconocido, el de 6 emociones o agrupaciones de sentimientos.

Circule los sentimientos que ha experimentado con más frecuencia:

1. **Emoción: IRA.**

- **Sentimientos:** Aburrido, enfadado, fastidiado, tenso, estresado, nervioso, frustrado, resentido, decepcionado, molesto, enojado, furioso, rencoroso, vengativo. Si estos son muy recurrentes y no son controlados, pueden llegar a generar (Sociopatías o Psicopatías).

2. **Emoción: TRISTEZA.**

- **Sentimientos:** Indefenso, inútil, vacío, desanimado, negativo, pesimista, infeliz, lastimado, abrumado, miserable, angustiado, destruido, abatido, afligido, desesperado, herido, vacío, desconsolado, sin esperanza. Si estos son muy recurrentes y no son controlados, pueden llegar a generar (Ansiedad, Depresión, o Suicidio).

3. **Emoción: MIEDO.**

- **Sentimientos:** Tímido, asustado, inseguro, celoso, inquieto, ansioso, preocupado, nervioso, inferior, inadecuado, aprensivo, amenazado, petrificado, aterrorizado. Si estos son muy recurrentes, y no son controlados, pueden llegar a generar (Compulsiones, Fobias o Paranoias).

4. **Emoción: FELICIDAD.**

- **Sentimientos:** Tranquilo, agradable, sereno, pacífico, querido, entusiasmado, animado, alegre, divertido, emocionado, anhelante. Si estos se experimentan frecuentemente, pueden producir (Fuerte Autoestima, Alto IQ social).

5. **Emoción: SOLEDAD.**

- **Sentimientos:** Aislado, abandonado, olvidado, omitido, ignorado, no incluido, solitario, desconectado, perdido. Si estos son muy recurrentes, y no son controlados, pueden llegar a generar (Ansiedad, Depresión, o Suicidio).

6. **Emoción: VERGÜENZA.**

- **Sentimientos:** Rechazado, humillado, ruborizado, deshonrado, mortificado, culpable, azorado, sorprendido, atormentado. Si estos son muy recurrentes, y no son controlados, pueden llegar a generar (Tics, Traumas, Ansiedad, Depresión, o Suicidio).

HERRAMIENTA

FORMAS DE EXPRESIÓN

NOTAS

Formas de Expresión

"Hay tres cosas que nunca vuelven atrás: La palabra pronunciada, la flecha lanzada y la oportunidad perdida"
Proverbio Chino

Algo de lo que en ocasiones nos arrepentimos, es el hablar a la ligera y sin pensar cuidadosamente antes de hacerlo. Desde luego, todos tenemos necesidad de expresar algo y lo hacemos a través del lenguaje no verbal, del lenguaje verbal o del lenguaje escrito (del cual no hablaremos aquí).

El Lenguaje NO Verbal

Este es llamado también lenguaje corporal. *Es definido en la "Encyclopedia of Communication Theory" como un fenómeno paralingüístico por el que se transmite información sin hacer uso del habla, mediante el contacto visual, las expresiones faciales, gestos, expresiones corporales y posturas.* (W y Foss s.f.)

Todos sin excepción, estamos expresando algo todo el tiempo. Cuando estamos con alguien, cuando estamos acompañados, e incluso cuando estamos solos sin ninguna compañía. Nos expresamos sabiendo que lo estamos haciendo, y también nos expresamos sin darnos cuenta, sin percatarnos que lo estamos haciendo.

En ocasiones expresamos nuestras necesidades, en ocasiones nuestros deseos, en ocasiones nuestros miedos, en ocasiones nuestras emociones o nuestros sentimientos.

Nos expresamos cuando dormimos, cuando jugamos, cuando comemos, cuando lloramos, cuando reímos, cuando callamos, etc. Lo hacemos usando cualquier parte de nuestro cuerpo, desde nuestra cabeza, hasta nuestros pies.

Piénselo, nos expresamos con la forma de nuestro peinado, con nuestro corte de pelo, con el color del pelo. Nos expresamos con nuestros ojos, con la forma en que los arreglamos, los colores, las sombras, la forma en que arreglamos nuestras cejas y nuestras pestañas. Así podríamos seguir hasta llegar a nuestros pies, la forma en que los posicionamos o los movemos, los zapatos que usamos, su color, su forma, su textura, su modelo.

Elementos del Lenguaje No Verbal

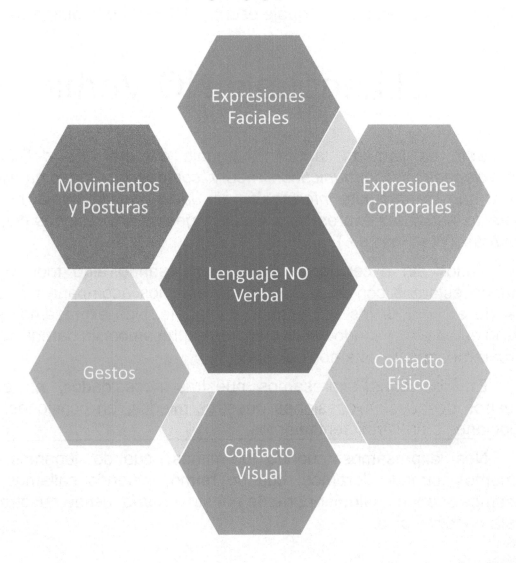

Es increíble la cantidad de mensajes no verbales que estamos emitiendo y recibiendo todo el tiempo. La expresión no verbal ocupa un muy alto porcentaje de nuestra total forma de expresión.

Desgraciadamente, de igual forma que la comunicación, el lenguaje no verbal no fue estudiado seriamente sino hasta años recientes. Aun cuando éste tiene una tremenda importancia para la entrega y comprensión del mensaje, se le ignoró hasta hace apenas unos 50 años. Unos de los pioneros de la investigación académica en este campo de la lingüística, fueron el psiquiatra Jurguen Ruesch que publicó el libro "Nonverbal Comunication" en 1956 y el antropólogo Edward T. Hall, que publico el libro "The Silent Languaje" en 1959.

Por otro lado, David Givens menciona en su libro "Body speak: what are you saying?", que cuando hablamos o escuchamos, nuestra atención se centra en las palabras más que en el lenguaje corporal; aunque nuestro juicio incluye ambas cosas. Una audiencia está procesando simultáneamente el aspecto verbal y el no verbal. Los movimientos del cuerpo no son generalmente positivos o negativos en sí mismos, más bien, la situación y el mensaje determinarán su evaluación.

A partir de entonces han surgido otras investigaciones más recientes como la "Kinésica" realizada por Birdwhistell, quien menciona que *"gran parte de las comunicaciones humanas se desarrollan a un nivel por debajo de la conciencia y que el 35% de la comunicación cara a cara es tonal y el 65% es corporal o no verbal".*

Cabe destacar que no podemos ignorar el lenguaje no verbal de la persona que habla. Del mismo modo, la persona que habla debe cuidar de no enviar mensajes no verbales, que no vayan de acuerdo con el mensaje hablado. Cualquiera de estas dos cosas causaría irremediablemente confusión y una mala interpretación del mensaje.

El éxito en la comunicación depende del funcionamiento correcto y adecuado de todos los componentes del sistema de comunicación. Partimos de la convicción de que hacerse entender es un arte, que puede y debe aprenderse. Por lo tanto, en la medida en que se conozcan y se pongan en práctica las HERRAMIENTAS DE EXPRESIÓN EXITOSA necesarias por parte del emisor, favorecerán la transmisión, entendimiento y asimilación del mensaje por parte del receptor.

Ejercicio

Illustration 41001519 © Roberto Giovannini | Dreamstime.com

Pongamos en práctica cada uno de los elementos del hexágono de los elementos del lenguaje no verbal (página 44). Realice con su pareja este ejercicio (en caso de no contar con una pareja, realice estos ejercicios frente a un espejo de cuerpo entero).

1) Piense en silencio un mensaje que le gustaría enviar.

2) Use un elemento de la lista para enviar el mensaje a su pareja (o a usted mismo en el espejo). Recorra uno por uno los elementos de la lista.

3) Su pareja interpretará y le dirá el mensaje.

4) En caso de acierto, **sume 1** a su lista, de lo contrario no sume nada.

LISTA DE ELEMENTOS	(USTED)	(PAREJA)
• Expresión Facial		
• Expresión Corporal		
• Contacto Físico		
• Contacto Visual		
• Gestos		
• Movimientos y Posturas		

===

5) Al terminar, permita a su pareja realizar también el ejercicio.

PUNTAJE FINAL

El Lenguaje Verbal

Su definición es sumamente sencilla,

El lenguaje verbal consiste en el uso de palabras para comunicarnos con otras personas.

Lo complicado es cuando estas palabras en conjunto toman formas y usos gramaticales o lingüísticos especiales. Ejemplo de esto lo encontramos en las estructuras gramaticales o estilos literarios tales como la alegoría, la analogía, la fábula, el enigma, la parábola, la metáfora, la sinécdoque, la metonimia, la paradoja, el proverbio, etc. Afortunadamente no nos vamos a detener en esto porque no es nuestro objetivo primario.

Básicamente todos tenemos necesidad de expresar algo: nuestras necesidades, deseos, emociones, sentimientos frustraciones, molestias, alegrías, sinsabores, etc. Nuestro problema es que no nos han enseñado a expresarnos de una forma efectiva. Es precisamente por eso que no tenemos éxito al expresarnos. No se nos escucha, no se nos comprende, no se nos presta atención, se nos malinterpreta, etc.

La historia de la humanidad está formada por cambios progresivos que permiten el crecimiento y el mejoramiento en todos los sentidos. Estamos viviendo en tiempos en los que la tecnología ha avanzado en los últimos 100 años, lo que no había avanzado en 250,000 años. El uso de tambores y de señales de humo han sido reemplazados por celulares satelitales. El uso de las carretas ha sido reemplazado por enormes buques, aviones y transportes. Lo paradójico es que continuamos usando las mismas herramientas viejas para comunicarnos, por supuesto, esto nos causa grandes dolores de cabeza.

Como mencionamos anteriormente, algunas de estas formas tienen siglos de existencia. Nosotros las aprendimos de nuestros abuelos y de nuestros padres. Probablemente pensemos que, si a ellos les funcionaron, a nosotros también deberían de funcionarnos, pero nos damos cuenta de que no es así. Estamos padeciendo por la falta de herramientas nuevas.

¡Es necesario cambiar nuestra forma usual de expresarnos!

Formas Conocidas de Expresarnos

A lo largo de nuestros años de estudio e investigación hemos encontrado 4 formas en las que comúnmente nos expresamos. Algunas de ellas continúan funcionando en algunos casos, pero debemos ser selectivos y usar las más adecuadas:

Expresarnos No Verbalmente

Esta forma de expresión es simple y sencilla, no nos implica abrir la boca ni pronunciar ninguna palabra. Pero, por lo mismo, es la más problemática, ya que fácilmente podemos malinterpretar este tipo de expresión. Es más usada por los hombres que por las mujeres. Fue muy común en el tiempo de los abuelos, entre ellos había poca comunicación verbal.

Debemos, en lo posible evitar el uso de esta forma de expresión. Aunque nos cueste un poco de trabajo, debemos esforzarnos para hacer uso de las palabras. Es increíble que podamos ver a un grupo de adolescentes, que estando en un grupo sentados unos frente a otros, decidan comunicarse a través de textos, en lugar de hacer uso de las palabras. He aquí unos ejemplos de esto:

1) *Cuando éramos niños, y nuestros padres nos volteaban a ver de reojo y nos levantaban la ceja. Sin decir ni una sola palabra, sabíamos perfectamente lo que iba a suceder cuando estuviéramos ya en casa.*

2) *Cuando alguien que se encontraba lejos levantaba el brazo y lo movía de lado a lado. Este es un ejemplo de los casos que causan confusión. Podía ser que nos estaba saludando, o que estaba llamando nuestra atención porque necesitaba algo.*

Expresarnos Reactivamente

Esta forma de expresión, a pesar de ser la más dañina e inefectiva, es desgraciadamente la más común cuando aparecen los problemas. Sucede cuando hay algún evento que nos provocó malestar y reaccionamos explosivamente.

Buscamos al culpable, al ¿Quién fue? para descargar sobre él (ella) nuestra ira, en lugar de buscar el ¿Qué? me está molestando, en la verdadera razón de mi enojo.

Usar esta forma de expresarnos daña terriblemente nuestras relaciones, porque cada vez que la usamos lastimamos a la otra persona. Decimos cosas que no debemos decir. Usamos tonos y volumen de voz que no son los adecuados. Al final, en ocasiones, acabamos arrepintiéndonos de lo que hicimos y de cómo lo hicimos.

Usamos esta forma por demás nociva de expresarnos, porque la aprendimos de nuestros abuelos y padres. Las palabras que usamos generalmente lastiman a otros porque tienen su origen en las emociones y no en la razón. Es cuando nuestra boca se mueve más rápido que nuestro cerebro.

Hay un motivo oculto en esta forma de expresión, y no es precisamente resolver el evento. Su verdadero propósito es atacar para desquitarnos, para destruir al otro, o para "enseñarle lo que se siente, cuando nos hacen eso". Comenzar de esta forma, lo único que nos asegura es que terminaremos muy mal, o peor de lo que estábamos. Estos son algunos ejemplos:

1) *Cuando nuestra pareja o alguno de nuestros hijos hace algo que nos molesta y en lugar de pensar en el porqué de nuestra molestia y en la forma en que podemos resolver el evento, nos concentramos en nuestras emociones, especialmente en los sentimientos de ira.*

2) *Cuando su hijo regresa de la escuela y le dice "La maestra me castigó", su respuesta es: ¡Algo has de haber hecho! ¡Cuántas veces te he dicho que te portes bien! ¡Todo el tiempo es lo mismo contigo! ¿Qué hiciste esta vez? Ninguna de estas respuestas hará que el niño se sienta escuchado y no le damos confianza para que nos platique en alguna otra ocasión.*

3) *¿Qué sentía usted cuando escuchaba a sus padres discutir, en lugar de dialogar; de gritar, en vez de expresar sus sentimientos de forma sana y saludable; de atacarse, en vez de escucharse; de terminar peleados y derrotados, en vez de resolver y salir victoriosos?*

Recuerde que cuando aparece el ataque, aparece también la defensa y eventualmente el contraataque.

La Palabra de Dios nos advierte de abstenernos del uso de esta forma de expresión reactiva. Es peligrosa, dañina, destructiva e ineficiente. Sin embargo, no será fácil deshacerse de ella porque crecimos viéndola, escuchándola y usándola. Pero, no se dé por vencido, la práctica de estas nuevas herramientas lo convertirá en la pareja que su matrimonio desea y en el padre que sus hijos necesitan.

"La blanda respuesta quita la ira; Mas la palabra áspera hace subir el furor.

La lengua de los sabios adornará la sabiduría; Mas la boca de los necios hablará sandeces"

Pro 15:1-2 (RV 1960)

Expresarnos Naturalmente

Esta forma de expresión es la que usamos la mayor parte del tiempo. La llamamos natural porque es la forma en que comunicamos mensajes fáciles de asimilar. Mensajes que no causan conflicto ni provocan emociones fuertes o difíciles de manejar.

Se entregan sin que tenga que recurrirse a estructuras o diálogos elaborados. Permiten que la comunicación fluya fácilmente, tanto para el que se expresa, como también para el que escucha el mensaje. No hay mucha posibilidad de malentendidos porque no hay instrucciones muy elaboradas.

Ejemplo: Cuando platicamos acerca de cómo nos fue durante el día. Cuando un maestro da una clase, o un alumno responde a una pregunta. Cuando una mamá da alguna recomendación, o instrucción a su hijo. Cuando ordenamos comida en un restaurante. Cuando comentamos acerca del partido del sábado.

HERRAMIENTA

EXPRESIÓN EXITOSA

Illustration 109179903 © Anatoly Maslennikov | Dreamstime.com

NOTAS

EXPRESIÓN EXITOSA

Expresión Exitosa

"No estoy de acuerdo con lo que dices, pero defenderé con mi vida tu derecho a expresarlo"
Voltaire

Que relevante resulta observar con cuidado estas palabras escritas por Voltaire. Descubren para nosotros una forma completamente diferente de recibir los mensajes que otros nos envían. Cuando una conversación con la que no estamos de acuerdo aparece, de inmediato se enciende en nosotros una luz de alerta y de peligro, que nos provoca a levantar los puños. Desgraciadamente, nuestra cultura nos ha programado para reaccionar al mensaje y no para recibir la información enviada a través de él. Somos personas reaccionarias, estamos todo el tiempo predispuestos a huir, congelarnos e ignorar, defendernos, o atacar. Realmente no importa lo que la otra persona nos está comunicando, no estamos enseñados para escuchar, identificar y resolver.

La única forma en que podremos con el tiempo vencer esta tendencia destructiva y comenzar a reprogramar nuestro cerebro para recibir, es a través de la Herramienta Expresión Exitosa. Esta forma de expresión es **UNA HERRAMIENTA NUEVA** que debemos aprender y que es tremendamente útil, especialmente cuando surgen desacuerdos, problemas, o cuando algo nos hace sentir incómodos.

Comencemos por cambiar el vocabulario enseñado y aprendido por generaciones. Hemos escuchado seguramente que "Los matrimonios tienen problemas". No obstante, debemos de eliminar la palabra PROBLEMA de nuestras conversaciones. Deténgase un momento a pensar en lo que nos sucede mental, emocional y físicamente cuando decimos ¡Tengo un problema! Parece que todo se detiene, que el panorama se torna obscuro e incierto. La carga y el peso del problema nos aplasta, nos detiene, nos hace agachar la cabeza y bajar la mirada, encorvar la espalda, arquear los hombros y dejar caer los brazos. Al usar la palabra problema, en nuestro pensamiento y en nuestra comunicación, se crea una burbuja alrededor del evento que nos afectó, que no nos permitirá identificarlo, observarlo con claridad y resolverlo.

Como mencionamos, esta palabra debe desaparecer de nuestro vocabulario familiar. Debemos sustituirla por la palabra ¡**RETO**! Ahora deténgase un momento a pensar la forma en que responde su mente, sus emociones y su cuerpo a esta frase, diga en voz alta ¡Tengo un reto por delante! ¿Lo siente? Esta frase lo catapulta hacia adelante, lo hace levantarse y comenzar a planear y a caminar. Esta frase le hace levantar la cabeza y alzar la mirada, echar los hombros hacia atrás, erguir el pecho y levantar los brazos. El RETO lo impulsa a conquistar, a lograr, a pelear por conseguir lo buscado y a ¡**RESOLVER**! A partir de ahora debemos de usar la palabra RETO en nuestro vocabulario familiar.

Recalcamos que es de vital importancia incorporar estas dos nuevas palabras ¡**RETO**! y ¡**RESOLVER**! a nuestro vocabulario familiar. De esa forma, comenzaremos con el pie derecho nuestras conversaciones y podremos asegurarnos de tener una **EXPRESIÓN EXITOSA**. Una expresión exitosa es aquella que invita a la persona que escucha a interesarse, escuchar y entender plenamente nuestro mensaje. Abre las puertas de la comunicación y baja la guardia del oyente, no haciéndole sentir que tiene que huir, ignorar, defenderse o atacar para salvaguardar su integridad.

Ejemplos

✓ *Hijo, _tenemos_ un RETO que _necesitamos_ RESOLVER: esta mañana el perro se quedó sin comida y sin agua en sus platos.*

✓ *Amor, me gustaría saber a qué hora tendrás unos 5 minutos, para platicar acerca de un RETO que surgió esta mañana y que siento que _necesitamos_ RESOLVER.*

✓ *Mi vida, el día de ayer por la noche surgió un RETO que me gustaría mucho que _juntos_ pudiéramos RESOLVER.*

✓ *Hija, quiero comentarte acerca de un RETO que _tenemos_ que RESOLVER cuanto antes, ¿a qué hora tienes tiempo para que podamos sentarnos unos 10 minutos?*

Hay seis elementos en el hexágono de la EXPRESIÓN EXITOSA. A continuación, iremos explicando a detalle lo que significa cada uno de ellos.

Tanto hombres como mujeres, sin importar su edad, esperan siempre sentirse escuchados, validados, valorados, comprendidos y aceptados. El apóstol Pablo dedica la última parte del capítulo 5 de su epístola a la iglesia de Éfeso, a dar recomendaciones tanto para el esposo como para la esposa, sobre cómo deben tratarse el uno al otro.

"En todo caso, cada uno de ustedes ame también a su mujer como a sí mismo, y que la mujer respete a su marido" Efe 5:33 (Lockman Foundation 2005)

Es muy interesante que a los hombres les exhorte a que amen a sus mujeres y al mismo tiempo, les pide a las mujeres que respeten a sus maridos. Dando a entender que los hombres y las mujeres son, no sólo en esencia diferentes, lo son también anatómica y emocionalmente. Sus cerebros funcionan de forma diferente, piensan, sienten, interpretan y resuelven de forma distinta. Sus necesidades y deseos se alinean a todo lo que su género busca satisfacer.

Uno de estos puntos importantes que debemos tomar en cuenta cuando se trata de comunicarnos eficazmente, es que los hombres necesitan ser respetados, tanto como las mujeres necesitan ser amadas.

De hecho, hay libros de autores reconocidos, dedicados a este tema tan importante. Uno de ellos es el escrito por el doctor John Gray "Los hombres son de marte y las mujeres de Venus". El escribe:

"Los hombres se sienten estimulados y fuertes cuando se sienten necesitados. Las mujeres se sienten estimuladas y fuertes cuando se sienten apreciadas" (Gray 1995)

Para un hombre, el no sentirse necesitado es como una muerte lenta. Los hombres sueñan y anhelan ser el héroe de la historia. Aquel que salva de la torre a la princesa y acaba con el dragón que la tiene prisionera.

La mujer, por otro lado, cuando no se siente protegida y apreciada, siente que su vida no tiene sentido. Ellas esperan que el hombre supla sus necesidades y la haga sentirse amada, de la forma en que ella se siente amada. Es decir, cuando el hombre conoce su lenguaje de amor y suple su necesidad de conexión e intimidad.

Si deseamos que nuestra expresión sea exitosa, debemos entonces de preocuparnos por comenzar bien nuestra conversación. Todos deseamos capturar la atención de nuestra pareja, y que nuestro mensaje sea escuchado y entendido. Para lograr esto, hay una pregunta que al hombre le hace sentir respetado y a la mujer la hace sentir apreciada. Esa pregunta tiene que ver con el tiempo de nuestra pareja.

¿Cuándo sería para ti el mejor momento para platicar?

Hacer esta pregunta, hace sentir a nuestra pareja que respetamos su tiempo y apreciamos mucho su atención. Si por desgracia la respuesta es un después, o un luego, no deje pasar el tiempo. Su siguiente pregunta deberá de ser:

¿Como a qué hora piensas que será eso? O bien ¿En cuánto tiempo piensas que será eso?

No permita que pase mucho tiempo, ya que para entonces será más difícil encontrar una solución práctica al reto que se ha presentado. Esto hará que olvidemos algunos detalles, e intentemos recordar y acomodar en orden los sucesos asociados al evento que deseamos resolver.

Otro estupendo autor es el doctor Emerson Eggerichs quien escribió el programa Amor y Respeto, el cual ha tenido un tremendo éxito desde 1999. El escribe acerca del Ciclo Alienante:

"Si la mujer no se siente amada por él, ella reacciona sin respeto; Si él no se siente respetado por ella, él reacciona no dando amor a ella." (Eggerichs 2011)

Desgraciadamente, este ciclo se va repitiendo, una y otra vez, cometiendo el mismo error y experimentando las mismas situaciones dolorosas. Necesitamos romper con este ciclo que tanto daño hace a nuestra relación. Hablaremos más de este tema en nuestro libro "Parejas Disparejas".

Ejercicio

Illustration 41001519 © Roberto Giovannini | Dreamstime.com

Piense y escriba las palabras que usa para dirigirse a su pareja.

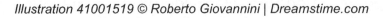

_____

_____

Ahora pregunte a su pareja cuáles son las palabras que le gustaría que usted usara cuando se dirija a ella.

_____

_____

¿Encontró alguna diferencia entre la forma en que usted llama a su pareja y la forma en que a su pareja le gustaría que lo(a) llamara? Si es así, tendrá que realizar algunos ajustes en su vocabulario. Esto hará que su pareja se sienta amada y respetada, desde el momento que se dirige usted a ella.

Como nota importante, debemos sugerir que no se usen los nombres propios, ya que esa era la forma que nuestros padres usaban para llamarnos cuando había problemas. Del mismo modo, cuando escuchamos nuestro nombre en labios de nuestra pareja, nos pone seguramente nerviosos.

RECONOCE
UNA
CUALIDAD

Sin duda alguna, a todos nos gusta escuchar que alguien nos elogia o nos dice algo que le agrada de nosotros. Cuando alguien reconoce alguna de nuestras cualidades, sentimos como una caricia a nuestro corazón. Eso, obviamente nos provoca una sonrisa y nos motiva a querer escuchar lo que la otra persona quiere transmitirnos. Esto es, nos permite comenzar el diálogo con los brazos, los oídos y el corazón abiertos.

Pensemos unos momentos en el número de veces que nos comunicamos con otros, solamente para llamarles la atención por algo que hicieron o no hicieron, o por algo que dijeron o no dijeron; o también para regañarlos por algo que no nos pareció; o para quejarnos por su comportamiento; o para reprocharles por algo negativo. Reflexionemos, al mismo tiempo, en la cantidad de ocasiones que hemos perdido la valiosa oportunidad de reconocer alguna cualidad que la otra persona tiene.

Cuando comenzamos nuestro diálogo reconociendo algo positivo de nuestra pareja, eso nos permite preparar el terreno para una conversación más jovial y positiva. Las palabras de reconocimiento y afecto muestran que nuestra intención es comenzar un diálogo cordial. Un diálogo que incite a la otra persona a recibir y comprender el mensaje que deseamos enviar. Un diálogo en el que ambos se sientan cómodos y seguros, ya que esto promueve definitivamente que las ideas para RESOLVER el RETO que se presentará, fluyan sin temor o preocupación.

Ejercicio

Illustration 41001519 © Roberto Giovannini | Dreamstime.com

Haga una lista como esta para cada miembro de la familia. Escriba en cada línea alguna de las cualidades que esta persona tiene.

NOMBRE: _____

CUALIDADES QUE TIENE

1) _____

2) _____

3) _____

4) _____

5) _____

6) _____

7) _____

8) _____

9) _____

10) _____

11) _____

12) _____

13) _____

14) _____

15) _____

16) _____

17) _____

18) _____

19) _____

20) _____

DEFINE EL
EVENTO
"EL RETO"

Un **EVENTO / RETO** es simplemente todo lo que sucede a nuestro alrededor y que nos causa alguna impresión. Algunas veces podrá ser positivo, algunas otras negativo. Es decir, en ciertas ocasiones nos hará sentir bien, en esas ocasiones le llamaremos simplemente como un **EVENTO**. Sin embargo, en otras ocasiones nos llegará a causar malestar, en esas ocasiones especiales le llamaremos **RETO**.

Este es el paso en el que comúnmente nos atoramos. Escuchamos tantas veces usar el "Tú" acusatorio que nos olvidamos fácilmente de lo que verdaderamente nos causó todas esas emociones fuertes. El usar el "Tú" en nuestros diálogos nos muestra con claridad que estamos acostumbrados a usar la herramienta de los abuelos:

¿Quién fue?

Pero ¿para que querían saber quién fue? Comúnmente para descargar en esa persona toda su frustración, desesperación o coraje. Se nos enseñó que esa era la forma en que debíamos actuar cuando algún EVENTO presionaba alguno de nuestros botones. Tal vez se pensó que, si mostrábamos toda nuestra furia a la persona que había provocado el EVENTO, eso no volvería a suceder. No obstante, lo único que se conseguía era causar confusión, dolor, miedo y aún terror, entre muchos otros sentimientos, en la persona culpada.

Pero el uso de esta herramienta vieja y obsoleta no resolvía el EVENTO que provocaba toda esta hecatombe relacional. Lo único que se conseguía era provocar sentimientos de arrepentimiento en la persona irritada y sentimientos de resentimiento, odio y venganza en la persona culpada.

Lo que importa ahora, es aprender y comenzar a usar una herramienta nueva y eficiente:

> ## ¿Qué es lo que me provocó todo esta desesperación, frustración o coraje?

Debemos detenernos por un momento, poner en estado de espera nuestros sentimientos, y concentramos más bien en identificar específicamente el **¿QUÉ?** y **NO** el **¿QUIÉN?** De esta manera, daremos el primer paso para **RESOLVER** el **EVENTO** o **RETO** que nos provocó todos estos sentimientos fuertes.

Después de todo, el propósito principal de nuestros diálogos exitosos es el de **RESOLVER**, y **NO** el de **DESTRUIR**, a nuestra pareja o a nuestros hijos.

Identificar a aquellas personas que amamos es fácil. Identificar los eventos que nos provocan a sentirnos mal, no lo es tanto. Pero, piense un momento ¿Por qué tendemos a enojarnos, frustrarnos o desesperamos con más frecuencia en casa? La respuesta es más simple de lo que parece ¡Porque las personas en casa son las que más nos importan en la vida, y por ende, nuestros sentimientos hacia ellas son mucho más fuertes que los sentimientos que tenemos con otros!

Paradójicamente, esto nos causa que sea más fácil explotar con aquellos que más amamos y lastimarlos en el proceso. El uso de esta herramienta nos ayudará a evitar por completo esta destrucción. Pero no se desanime si las primeras veces falla en detener su estallido y encontrar y concentrarse en el **EVENTO / RETO**. El aprender y convertirse en maestro nos requiere un verdadero esfuerzo. La maestría de algo no se da fácilmente, nos cuesta intencionalidad, decisión, tiempo y práctica, mucha práctica. No por nada se dice que "la práctica hace al maestro".

Estudiemos algunos ejemplos, en donde mostraremos el uso adecuado de esta herramienta:

1) *Nuestra pareja dejó ayer en la noche la ventana abierta, se metieron los moscos, me picaron y no me dejaron dormir.*

   EVENTO / RETO: *Los moscos se metieron porque la ventana se quedó abierta.*

   A RESOLVER: ¿Qué podemos hacer para que los moscos no se metan?

2) *Mi hijo me pidió prestado mi vehículo el día de ayer. Hoy por la mañana lo encontré sin gasolina, por tener que cargar gasolina, llegué tarde a mi trabajo y me llamaron la atención.*

   EVENTO / RETO: *Esta mañana mi vehículo no tenía gasolina.*

   A RESOLVER: ¿Qué debemos hacer para que esto no vuelva a suceder?

3) *Mi hija no le puso agua y comida al perro esta mañana antes de irse a la escuela. Por lo que el perro se quedó sin comer y sin beber todo el día.*

   EVENTO / RETO: *Esta mañana los platos del perro no tenían comida ni agua.*

   A RESOLVER: ¿Qué debemos hacer para que el perro no se vuelva a quedar sin comida ni agua todo el día?

4) *Mi hijo llegó del futbol con los tenis llenos de lodo y ensució de nuevo el piso que limpié esta mañana. Va a ser necesario limpiar el piso de nuevo y eso tomará tiempo y esfuerzo*

   EVENTO / RETO: *El piso está de nuevo sucio, después de haberlo limpiado.*

   A RESOLVER: ¿Qué podemos hacer para que el piso se mantenga limpio y no vuelva a ensuciarse?

5) *Mi pareja dejó la sala desordenada con su ropa y zapatos de trabajo. Es necesario volver a arreglar la sala.*

   EVENTO / RETO: *La sala está desordenada nuevamente, después de haberla arreglado, ordenado y limpiado.*

   A RESOLVER: ¿Qué podemos hacer para que la sala se mantenga ordenada y no vuelva a desordenarse?

6)   *Mi pareja tardó mucho en arreglarse y salió muy tarde. Llegamos tarde al lugar donde íbamos a cenar, y perdimos la reservación.*

EVENTO / RETO: Salimos muy tarde para nuestra cena.

A RESOLVER: ¿Qué podemos hacer para poder salir a tiempo?

7)   *Mi hijo salió corriendo y dejó la puerta abierta y el perro se salió, tuve que salir en bata a corretearlo por toda la calle. Pudo perderse, morder a alguien o ser atropellado.*

EVENTO / RETO: La puerta se quedó abierta y el perro se salió

A RESOLVER: ¿Qué debemos hacer para que la puerta no se quede abierta?

8)   *Mi pareja se fue sin despedirse, no me habló en todo el día para disculparse, o para darme las gracias por haberle hecho el almuerzo. Eso hizo que pasara un mal día.*

EVENTO / RETO: No recibí una disculpa por no haberse despedido, ni las gracias por haber hecho el almuerzo.

A RESOLVER: ¿Qué podemos hacer para recordarnos de despedirnos y de agradecer por el almuerzo?

Como podemos darnos cuenta, en todos y cada uno de estos ejemplos omitimos intencionalmente a la persona involucrada en el evento o a la causante de este. Cuando identificamos el EVENTO/RETO, realmente no interesa el ¿Quién? Lo que verdaderamente interesa, si realmente deseamos encontrar una solución y resolver la situación, es el ¿QUÉ? ¿Qué es lo que me está causando sentirme así?

Cuando enfocamos todos nuestros recursos en encontrar e identificar lo que verdaderamente nos afectó, estaremos comenzando ya el proceso de solución. Si no hemos identificado claramente lo que nos causa molestia ¿cómo esperamos solucionarlo para que no vuelva a molestarnos?

Una vez que encontramos el EVENTO / RETO, debemos realizar una pregunta que nos lleve a encontrar una solución. Recuerde que:

"El propósito de nuestro diálogo es RESOLVER."

Ejercicio

Illustration 41001519 © Roberto Giovannini | Dreamstime.com

Ponga en práctica esta herramienta con situaciones que usted ha vivido con personas cercanas a usted, como su pareja, sus hijos o cualquiera de sus parientes.

1) Lo que sucedió: _____

_____

_____

_____

✓ Evento / Reto: _____

_____

_____

✓ A Resolver: _____

_____

_____

2) Lo que sucedió: _____

_____

_____

_____

✓ Evento / Reto: _____

_____

_____

✓ A Resolver: _____

_____

_____

3) Lo que sucedió: _____

_____

_____

_____

✓   Evento / Reto: _____

_____

_____

✓   A Resolver: _____

_____

_____

4)   Lo que sucedió: _____

_____

_____

_____

✓   Evento / Reto: _____

_____

_____

✓   A Resolver: _____

_____

_____

¿Qué tan difícil le resultó encontrar e identificar el EVENTO / RETO.

¿Qué tan difícil le resultó plantear la pregunta que le ayudará a resolver la situación?

Si no le resultó fácil en estos momentos, no se preocupe mucho, dicen que ¡todo lo bueno, cuesta! Es la primera vez que usted está expuesto a estas herramientas nuevas. Siga practicando, y eventualmente se convertirá en un maestro.

COMENTA
EL EFECTO
EN TÍ

Es innegable que todo **EVENTO/RETO** causa en nosotros un **EFECTO**. El efecto es básicamente la consecuencia del evento / reto. Esta consecuencia nos causa de alguna manera malestar. Nos puede afectar de forma negativa o positiva. Puede afectarnos mentalmente, físicamente, emocionalmente, moralmente, espiritualmente, socialmente, etc.

Expresar la consecuencia, o el efecto, que el Evento/Reto tuvo en nosotros, es de suma importancia. Si no nos expresamos, y nos acostumbramos a callar la forma en que las cosas o sucesos nos afectan, esto causará en nosotros un daño interno. Lo anterior es altamente peligroso, muchas enfermedades tienen origen en esta falta de expresión. Entre ellas encontramos enfermedades mentales como el estrés, la ansiedad y la depresión; enfermedades emocionales como las compulsiones, fobias y paranoias; enfermedades físicas en los sistemas circulatorio, endocrino y gástrico.

Es común encontrar que el origen de: un cáncer de colon, de una úlcera esofágica, estomacal o intestinal, de alta presión, baja presión o hipertensión, entre otras, tienen su origen en situaciones no expresadas. Muchas personas prefieren callar, porque temen que hablar acerca del efecto y los sentimientos provocados por algún evento, van a causar más daño, enojo y frustración, que solución.

Esto es porque no nos enseñaron la forma correcta de mostrar las consecuencias y los efectos que los eventos tuvieron en nosotros. En lugar de esto, nos enseñaron a usar el ¡TÚ! Acusatorio (el cual, vamos a estudiar más adelante).

Como ejemplo usaremos los 8 mismos ejemplos que usamos con anterioridad en la página 58.

1)   *Nuestra pareja dejó ayer en la noche la ventana abierta, se metieron los moscos, me picaron y no me dejaron dormir.*

   EFECTO: *Los moscos me picaron y no me dejaron dormir.*

2)   *Mi hijo me pidió prestado mi vehículo el día de ayer. Hoy por la mañana lo encontré sin gasolina, por tener que cargar gasolina, llegué tarde a mi trabajo y me llamaron la atención.*

   EFECTO: *Por tener que cargar gasolina, llegué tarde a mi trabajo y me llamaron la atención.*

3)   *Mi hija no le puso agua y comida al perro esta mañana antes de irse a la escuela. Por lo que el perro se quedó sin comer y sin beber todo el día.*

   EFECTO: *El perro se quedó sin comer y sin beber todo el día.*

4)   *Mi hijo llegó del futbol con los tenis llenos de lodo y ensució de nuevo el piso que limpié esta mañana. Va a ser necesario limpiar el piso de nuevo y eso tomará tiempo y esfuerzo*

   EFECTO: *Va a ser necesario limpiar el piso de nuevo y eso tomará tiempo y esfuerzo*

5)   *Mi pareja dejó la sala desordenada con su ropa y zapatos de trabajo. Es necesario volver a arreglar la sala.*

   EFECTO: *Es necesario volver a arreglar la sala*

6)   *Mi pareja tardó mucho en arreglarse y salió muy tarde. Llegamos tarde al lugar a donde íbamos a cenar y perdimos la reservación.*

   EFECTO: *Llegamos tarde a cenar y perdimos la reservación.*

7)   *Mi hijo salió corriendo y dejó la puerta abierta y el perro se salió, tuve que salir en bata a corretearlo por toda la calle. Pudo perderse, morder a alguien o ser atropellado.*

   EFECTO: *Tuve que salir en bata a corretearlo por toda la calle.*

8)   *Mi pareja se fue sin despedirse, no me habló en todo el día para disculparse, o para darme las gracias por haberle hecho el almuerzo. Eso hizo que pasara un mal día.*

   EFECTO: *Pasé un mal día.*

Ejercicio

Illustration 41001519 © Roberto Giovannini | Dreamstime.com

Ponga en práctica esta herramienta y use las situaciones que escogió en las páginas 65 y 66 y encuentre las consecuencias o los efectos que estas situaciones le causaron a usted personalmente.

1) Efecto: _____

_____

_____

2) Efecto: _____

_____

_____

3) Efecto: _____

_____

_____

4) Efecto: _____

_____

_____

Es más fácil encontrar el efecto, o la consecuencia del Evento/Reto, cuando planteamos las cosas de forma adecuada y concisa. Cuando divagamos y mencionamos cosas que no tienen realmente que ver con el evento / reto, esto causa mucha confusión. Si el que expresa no lo hace con claridad, será muy difícil para el que escucha comprender de qué se está hablando y entender qué es lo que se espera de él.

EXPREZA
TUS
EMOCIONES

Debemos recordar que definimos anteriormente seis familias de emociones, y que en cada una de ellas se agrupan un conjunto de sentimientos. Cuando adquirimos el conocimiento, y estamos conscientes de la gran cantidad de sentimientos que podemos experimentar, adquirimos también la capacidad de comunicarnos mejor. A una persona que no está consciente de sus emociones y sentimientos, le costará mucho trabajo identificar qué es lo que tiene que hacer, para encontrar y proponer soluciones.

Si confundimos un sentimiento por otro, esto nos causará mucha confusión y grandes problemas. Si deseamos expresarnos exitosamente, debemos identificar perfectamente cuáles son esos sentimientos. Tanto para la persona que expresa, como para la persona que escucha, no es lo mismo interpretar y atender a un sentimiento que a otro.

Si expresamos preocupación, la persona que escucha tiene que escuchar preocupación. La persona que escucha tendrá la tendencia de mostrar empatía hacia nosotros. Esto la ayudará a responder favorablemente al mensaje de preocupación que le enviamos.

Si en lugar de preocupación expresamos enojo, coraje molestia o inclusive furia, la persona que escucha va a reaccionar conforme al enojo. Recuerde lo que aprendimos en el capítulo de LAS EMOCIONES, respecto a las reacciones ante la ira. En lugar de encontrar empatía y aceptación en la persona que nos escucha, vamos a encontrar rechazo, apatía o ira de su parte. Se congelará, huirá, se defenderá o inclusive nos atacará. Finalmente, el resultado será prácticamente desastroso para ambos y NO RESOLVEREMOS nada.

Permítanos mostrar a lo que nos referimos, con este ejemplo.

Su hijo tiene una lunada en la playa con sus amigos de la iglesia. Usted le pide que se lleve una chamarra. Él se resiste un poco a esto, pero usted le advierte que, si no se lleva la chamarra, no podrá ir. Él le contesta que se la va a llevar. Él se despide de usted con la chamara en la mano y se va. Un tiempo después, usted se da cuenta que dejó la charra en el sillón. Esto le causa molestia, porque puede llegar a pensar: ¡Me mintió! ¡No me hizo caso! ¡No me respeta! ¡Ignora lo que le digo! Esos pensamientos generados por el evento / reto, de que su hijo no hizo lo que usted le pidió, provocan en usted sentimientos fuertes de frustración, indignación, molestia y enojo. Todos estos sentimientos pertenecen a la familia de la emoción de la ira.

Usted tiene la alternativa de actuar de varias formas, cada una de ellas es completamente diferente a la otra. De ellas depende el resultado final de la conversación que tendrá con su hijo cuando él regrese. El éxito o fracaso de su interacción, depende sustancialmente del conocimiento, manejo y control de sus sentimientos.

1) **Reacción Omitida** – Usted prefiere dejar pasar este evento por alto e ignorarlo: a. Intenta justificar la acción de su hijo pensando en el buen tiempo que él se pasó en su reunión y no desea borrar esa memoria; b. Intenta convencerse a usted mismo, que no fue algo tan importante como para desgastarse argumentando con su hijo; c. Intenta olvidar el asunto, porque piensa que el resultado va a ser que van a acabar peleando.

2) **Reacción Reactiva** – Usted espera la llegada de su hijo pensando en todo lo que le va a decir para hacerlo sentir culpable; para que sepa que con usted no se juega; para que se sienta mal por haberle ignorado; y finalmente para que no lo vuelva a desobedecer. Aunque sabe que esto va a acabar mal, no le importa, con tal que él se dé cuenta quien es el que manda.

3) **Reacción Exitosa** – Usted recuerda lo aprendido en el capítulo anterior y recuerda que:

"La ira es una reacción secundaria"

Por lo que usted se detiene a pensar en cuál fue la emoción o el sentimiento primario, el que verdaderamente provocó todo esto.

Es el tiempo de elaborar una cadena simple de preguntas

¿Por qué me siento enojado(a)? Oh, porque mi hijo no se llevó la chamarra.

¿Por qué tendría que llevarse la chamarra? Oh, porque yo le pedí que se llevara la chamarra.

¿Por qué le pedí que se llevara la chamarra? Oh, porque me preocupé de que fuera a pasar frío en su evento.

Finalmente descubre que la emoción primaria fue su preocupación por su hijo. Entonces decide que cuando él llegue le expresará su preocupación por él. Le dirá algo como esto:

¿Cómo te fue? … Me alegra mucho que te haya ido bien. Ahora me gustaría comentarte algo. Mientras que tu estuviste en tu reunión yo me quedé preocupado(a) porque no te llevaste la chamarra. No me gusta sentirme así, y me gustaría que resolviéramos este reto, para que no vuelva a suceder.

¡FELICIDADES! Esto cambiará por completo la respuesta de su hijo y finalmente podrán ponerse de acuerdo para RESOLVER este reto y que no vuelva a suceder.

Identificar el sentimiento y la emoción primaria es un paso muy importante en el proceso de Expresarnos Exitosamente. Es también un elemento clave si deseamos RESOLVER. Mostrar de una manera sana y asertiva cómo nos hizo sentir tal o cual cosa, le ayudará a la otra persona a entender y mostrar empatía y aceptación.

Debemos recordar que cuando la empatía está presente en nuestras conversaciones sucede que: 1) La voz de alarma desaparece del cerebro emocional del que expresa y del que escucha; 2) La comunicación fluye tan favorablemente, que acerca a ambos al corazón de la otra persona de una forma íntima y gratificante.

Para mostrar a que nos referimos con este tema, usaremos los 8 mismos ejemplos que usamos con anterioridad en la página 58. Mostraremos las emociones que muy probablemente nos harían sentir cada uno de esos diferentes eventos / retos.

1) *Nuestra pareja dejó ayer en la noche la ventana abierta, se metieron los moscos, me picaron y no me dejaron dormir.*

   EMOCIÓN: *Eso me hizo sentir desvelado, cansado y malhumorado y molesto.*

2) *Mi hijo me pidió prestado mi vehículo el día de ayer. Hoy por la mañana lo encontré sin gasolina, por tener que cargar gasolina, llegué tarde a mi trabajo y me llamaron la atención.*

   EMOCIÓN: *Eso me hizo sentir decepcionado y muy molesto.*

3) *Mi hija no le puso agua y comida al perro esta mañana antes de irse a la escuela. Por lo que el perro se quedó sin comer y sin beber todo el día.*

   EMOCIÓN: *Eso me hizo sentir preocupado, decepcionado y molesto.*

4) *Mi hijo llegó del futbol con los tenis llenos de lodo y ensució de nuevo el piso que limpié esta mañana. Va a ser necesario limpiar el piso de nuevo y eso tomará tiempo y esfuerzo*

   EMOCIÓN: *Eso me hizo sentir desesperada, frustrada y molesta.*

5) *Mi pareja dejó la sala desordenada con su ropa y zapatos de trabajo. Es necesario volver a arreglar la sala.*

   EMOCIÓN: *Eso me hizo sentir frustrada, cansada y molesta.*

6) *Mi pareja tardó mucho en arreglarse y salió muy tarde. Llegamos tarde a donde íbamos a cenar y perdimos la reservación.*

   EMOCIÓN: *Eso me hizo sentir no apreciado y molesto.*

7) *Mi hijo salió corriendo y dejó la puerta abierta y el perro se salió, tuve que salir en bata a corretearlo por toda la calle. Pudo perderse, morder a alguien o ser atropellado.*

   EMOCIÓN: *Eso me hizo sentir frustrada y molesta.*

8) *Mi pareja se fue sin despedirse, no me habló en todo el día para disculparse o para darme las gracias por haberle hecho el almuerzo. Eso hizo que pasara un mal día.*

   EMOCIÓN: *Eso me hizo sentir no apreciada y molesta.*

Podemos ver cómo antes de la molestia, que es un sentimiento que pertenece a la ira, aparecen otros sentimientos. Es en estos sentimientos en los que debemos concentrar nuestra atención. Son esos sentimientos los que nos llevaran a RESOLVER. Recuerde, si nos concentramos en aquellos sentimientos que pertenecen a la emoción de la IRA, nos alejaremos considerablemente de RESOLVER.

Ejercicio

Illustration 41001519 © Roberto Giovannini | Dreamstime.com

Ponga en práctica esta herramienta y use las situaciones que escogió en las páginas 65 y 66 y encuentre las emociones y sentimientos que estas situaciones le causaron a usted personalmente.

1)   Emoción: _____

_____

_____

_____

2)   Emoción: _____

_____

_____

_____

3)   Emoción: _____

_____

_____

_____

4)   Emoción: _____

_____

_____

_____

PROPÓN
UNA
SOLUCIÓN

Este paso nos ha sido hasta ahora desconocido, desgraciadamente hasta ahora sólo involucraba todo aquello asociado con:

El "CASTIGO"

No obstante, el propósito del castigo es exclusivamente lastimar física, emocional, o mentalmente, etc. Su propósito nunca ha sido, ni podrá ser, edificar a la otra persona para mejorar la calidad de la relación. Su espíritu de destrucción no puede traer edificación y sanidad. Lo único que provoca es un SENTIMIENTO DE CULPABILIDAD, que congela y no promueve la acción. La culpabilidad genera muchos sentimientos asociados con la IRA, tales como el rechazo, la venganza y el resentimiento entre muchos otros.

Es tiempo que cambiemos también ésta terrible costumbre, por una que realmente funcione. Una herramienta que nos permita instruir y edificar, que nos ayude a mejorar la calidad de nuestras relaciones.

"LA CONSECUENCIA"

Esta herramienta nos permitirá fácilmente mejorar e incrementar nuestro nivel de felicidad. Hará que las personas que reciben nuestro mensaje estén abiertas a escuchar, entender y RESOLVER. Esta herramienta no provoca rechazo, o una voz de alarma en nuestro cerebro. Por el contrario, nos promueve a reaccionar favorablemente al mensaje escuchado.

¡El castigo se centra en lastimar a la persona!

¡La consecuencia se centra en RESOLVER el RETO!

1) *Nuestra pareja dejó ayer en la noche la ventana abierta, se metieron los moscos, me picaron y no me dejaron dormir.*

   SOLUCIÓN: *Amor, se me ocurre que podríamos poner un mosquitero, colocar un ventilador, o un AC de tu lado.*

2) *Mi hijo me pidió prestado mi vehículo el día de ayer. Hoy por la mañana lo encontré sin gasolina, por tener que cargar gasolina, llegué tarde a mi trabajo y me llamaron la atención.*

   SOLUCIÓN: *Mijo, lo que podemos hacer es que pongas $20-$40 de gasolina, y me traigas la nota antes de usar el vehículo. Por otro lado, como consecuencia de lo que pasó tendrás que lavar y aspirar el vehículo cada semana, por un mes.*

3) *Mi hija no le puso agua y comida al perro esta mañana, antes de irse a la escuela. Por lo que el perro se quedó sin comer y sin beber todo el día.*

   SOLUCIÓN: *Mija, lo que podemos hacer es que antes del desayuno me muestres el plato de comida y agua del perro. Por otro lado, como consecuencia de lo que pasó tendrás que acostarte una hora antes de lo acostumbrado, para que te levantes más temprano y tengas más tiempo.*

4) *Mi hijo llegó del futbol con los tenis llenos de lodo y ensució de nuevo el piso que limpié esta mañana. Va a ser necesario limpiar el piso de nuevo y eso quitará tiempo y esfuerzo*

   SOLUCIÓN: *Mijo, lo que podemos hacer es que antes de entrar, cuando vengas de jugar, te quites los zapatos para que el piso se mantenga limpio. Por otro lado, como consecuencia de lo que pasó, tendrás que limpiar el piso ahora, y una vez por semana por el siguiente mes.*

5) *Mi pareja dejó la sala desordenada con su ropa y zapatos de trabajo. Es necesario volver a arreglar la sala.*

   SOLUCIÓN: *Mi vida, que te parece si para evitar esto, podemos poner un cesto en el baño para tu ropa, y un lugar para tus zapatos en el garaje, y ponemos tus pantuflas en ese lugar para que te pongas cómodo para entrar a la casa.*

6) *Mi pareja tardó mucho en arreglarse y salió muy tarde. Llegamos tarde al lugar a donde íbamos a cenar y perdimos la reservación.*

   SOLUCIÓN: *Mi vida, ¿qué puedo hacer para ayudarte y que podamos salir a la hora que nos proponemos, para que lleguemos a tiempo al lugar a donde vamos? ¿Qué te parece si me dices el tiempo aproximado que vas a tardar en arreglarte y yo te recuerdo considerando este tiempo? Así tú tendrás el tiempo que necesitas para salir a tiempo en cada ocasión.*

7) *Mi hijo salió corriendo y dejó la puerta abierta y el perro se salió, tuve que salir en bata a corretearlo por toda la calle. Pudo perderse, morder a alguien o ser atropellado.*

   SOLUCIÓN: *Mijo, lo que podemos hacer es poner un letrero grande en la puerta para que no se te olvide cerrarla cuando salgas. Además de hoy en adelante, antes de salir, me preguntas si puedes hacerlo. Por otro lado, como consecuencia de lo que pasó, durante todo el siguiente mes, antes de salir a jugar, tendrás que sacar al perro por 20 minutos.*

8) *Mi pareja se fue sin despedirse, no me habló en todo el día para disculparse o para darme las gracias por haberle hecho el almuerzo. Eso hizo que pasara un mal día.*

   SOLUCIÓN: *Corazón, que te parece si antes de agarrar tu lonchera, me das un beso y te despides de mí, me das un beso, un abrazo, me das las gracias por tu almuerzo, me dices cuanto me amas y cuanto me vas a extrañar durante el día. Voy a ponerte un mensajito encima de tu lonchera para que te acuerdes.*

Como podemos observar, es indispensable preparar lo que podemos considerar como una posible solución. Debemos hacerlo antes de disponernos a expresar aquello que nos provocó algún sentimiento de incomodidad. De esa forma podremos asegurarnos de que hemos pensado detenidamente en todo lo que implicó el evento para nosotros.

Seguir detalladamente este último proceso, nos permitirá incrementar considerablemente las posibilidades de éxito. Al final de cuentas, eso es lo que buscamos, poder **EXPRESARNOS EXITOSAMENTE**.

Ejercicio

Illustration 41001519 © Roberto Giovannini | Dreamstime.com

Ponga en práctica esta herramienta y use las situaciones que escogió en las páginas 65 y 66. Encuentre las posibles soluciones que pudieran RESOLVER esas situaciones. Recuerde no usar el "TÚ ACUSATORIO" o alguna expresión que provoque culpabilidad en la persona que le escucha.

1) Solución: _____

_____

_____

_____

_____

2) Solución: _____

_____

_____

_____

_____

3) Solución: _____

_____

_____

_____

_____

4) Solución: _____

_____

_____

_____

_____

¡Ahora, es tiempo de que practiquemos estas herramientas con nuestra pareja!

Modelo de Expresión Exitosa para practicar en pareja:

EXPRESIÓN EXITOSA

HERRAMIENTA

ESCUCHAR EMPÁTICAMENTE

NOTAS

_____
_____
_____
_____
_____
_____
_____
_____
_____
_____
_____
_____
_____
_____
_____
_____
_____
_____
_____
_____
_____

Escuchar Empáticamente

"Mostrar empatía y aceptación, es la mejor forma de mostrar amor" David D´Leon

Este es el segundo elemento de una Comunicación Efectiva. De nada nos sirve que alguien se Exprese Exitosamente, si la persona a quien se dirige el mensaje simplemente no escucha. Esto suena como el juego del teléfono descompuesto que jugábamos cuando éramos pequeños. Pero en un mundo en el que comunicación se ha convertido en algo tan importante y trascendente, seguir jugando este juego sería fatal.

Vivimos en un mundo en el que, si entendemos erróneamente por qué no escuchamos con atención, podríamos causar la tercera guerra mundial. Nos encontramos en una época en el que el flujo de información se mueve a velocidades impresionantes y recorre distancias increíblemente enormes. Lo que sucede hoy en alguna parte del mundo, en tan sólo nanosegundos, es conocido en todos los continentes y por todas las gentes.

En el caso de nuestras relaciones, el no identificar, entender y procesar el mensaje correcto, puede causarnos problemas con aquellos que amamos o con aquellos que son importantes para nosotros. Es por eso que es necesario estudiar, entender y practicar esta tan importante herramienta.

Para comprender la herramienta de Escuchar Empáticamente, debemos comenzar aprendiendo acerca de tres conceptos desarrollados por Carl Rogers: **Autenticidad, Aceptación y Empatía**. En su libro *"La visión de la psicoterapia por parte de los psicoterapeutas"* escribe:

*"Para que una persona crezca en todos sentidos, necesita un ambiente que le provea con **AUTENTICIDAD** (apertura y autorrevelación), **ACEPTACIÓN** (ser visto con una consideración positiva incondicional) y **EMPATÍA** (ser escuchado y comprendido)"* (Rogers 1961)

En su estudio acerca del crecimiento humano, el Doctor Rogers declaró que para que un individuo se desarrolle sana y plenamente, necesita de un medio ambiente sano y saludable. Descubrió que el crecimiento de un ser humano depende proporcionalmente de este medio ambiente. Si su medio ambiente o ecosistema es saludable, el crecimiento será proporcionalmente saludable. Por el contrario, si no lo es, el crecimiento será pobre, débil y poco saludable.

Es comprensible que todas nuestras relaciones se nutren del ecosistema en el que se desarrollan. Su crecimiento depende del grado de salud que presenten. Es decir, si aplicamos los tres conceptos de Rogers a nuestras relaciones podremos entender la importancia que tienen la Empatía, la Aceptación y la Autenticidad. En otras palabras, si nuestras relaciones no cuentan con estos tres conceptos tan importantes, no podremos tener relaciones sanas.

Autenticidad

La autenticidad es el más simple de definir de estos tres conceptos. Significa básicamente ser honestos y sinceros. Esto debe ser nuestro principio de vida, ser abiertos y mostrar lo que verdaderamente somos. Si nos ocultamos detrás de caretas falsas o si tenemos agendas que ocultan nuestras verdaderas intenciones, esto destruirá eventualmente nuestras relaciones. Es terriblemente destructivo descubrir que la persona que conocemos realmente es otra diferente. Las Escrituras nos hablan de esto cuando se refieren al hombre de doble ánimo.

"Cuando ustedes digan "sí", que sea realmente sí; y cuando digan "no", que sea no. Cualquier otra cosa que digan más allá de esto proviene del maligno." Mat 5:37 (NIV 1984)

"El hombre de doble ánimo es inconstante en todos sus caminos" San 1:8 (RV 1960)

Ser auténticos, honestos y transparentes, es cada vez más difícil. Especialmente en este tiempo, en el que todos se ocultan tras diferentes máscaras, como las proporcionadas por los medios digitales. Los llamados perfiles cibernéticos pueden mostrar rostros, pensamientos, sentimientos, historias e intenciones completamente distintos a los reales.

Aceptación

La Aceptación puede confundirnos un poco, especialmente con dichos que ahora circulan en nuestros medios de comunicación. Como ejemplo de esto encontramos el dicho popular:

"¡Acéptame como soy!"

Esta expresión es particularmente peligrosa y nociva para la salud de cualquier relación. Para que una relación funcione tiene que haber un principio de bienestar común. La corriente cultural del individualismo está desplazando a la cultura del colectivismo. Es decir, el egoísmo, el egocentrismo y el narcisismo se promueven hoy más que nunca. Lo que antes se enseñaba como IQ Social o Inteligencia Social, está quedando en desuso. Se está enseñando que lo más importante para ser feliz es pensar siempre en uno mismo.

Entonces, ¿En dónde queda el concepto de relación interpersonal?

Una relación interpersonal es una fuerte, profunda y cercana asociación, entre dos o más personas. (Heider 1982)

La conexión, correspondencia, trato y comunicación entre dos personas crea entre ellos una relación. En una relación, el crecimiento mutuo, el apoyo, el respeto y la comprensión son factores determinantes. Entonces a qué nos referimos con aceptación ¿Qué es la aceptación cuando hablamos de relaciones interpersonales?

Aceptación relacional significa que entiendo y comprendo que tienes derecho a pensar de cierta forma, a sentir, desear, soñar, buscar, etc. Tienes derecho a ser un ser humano pleno. Tienes derecho a todo lo anterior, siempre y cuando ninguno de tus derechos violen alguno de los derechos de la relación.

Es decir, cuando alguno de los derechos de la otra persona atenta contra la integridad de los derechos de la relación, Esto NO ES ACEPTABLE. Toda relación esta sostenida por pactos. Esos pactos le dan forma a la relación. Es por eso por lo que, si los pactos son malos, la relación es inevitablemente mala. Si los pactos son saludables, es decir pensados en el bien común, las relaciones serán saludables y duraderas.

MANUAL COMUNICACIÓN EFECTIVA

Para comprender mejor lo anterior usaremos este ejemplo:

- Su hijo de 13 años **desea** comenzar a manejar.

- Él **tiene derecho de desear** manejar a esa edad.

- Usted, como padre, **acepta** de manera muy empática su **derecho de desear** manejar.

- Sin embargo, la relación de usted como padre con él como hijo, está fundada en la responsabilidad que usted tiene sobre su vida.

- Es por eso por lo que, **usted acepta que su hijo tiene el derecho de desear** manejar. Sin embargo, **usted no puede aceptar el permitirle a él violar el pacto de responsabilidad** que usted tiene sobre su vida, su salud y su integridad física, emocional y espiritual.

Es muy probable que su hijo acabe con un poco de frustración por no haber conseguido lo que deseaba. Sin embargo, sentirá también que puede contarle cualquier cosa, porque se sentirá seguro de que será escuchado. El saber que la otra persona acepta que tenemos derechos, nos da seguridad y confianza en nuestra relación, dos factores sumamente importantes.

Empatía

Definir la empatía es básicamente sencillo, comprender y practicar la empatía, no lo es tanto. Nuevamente tiene que ver con las herramientas aprendidas de los padres y abuelos.

La empatía según el diccionario Oxford es la participación afectiva de una persona en una realidad ajena a ella, generalmente en los sentimientos de otra persona. En pocas palabras:

Es la capacidad de comprender y compartir los pensamientos (Empatía Cognitiva) y los sentimientos (Empatía Emocional) de los demás. La empatía nos permite ver las cosas desde la perspectiva del otro, en vez de la nuestra. Implica ponerse en el lugar de la otra persona.

DAVID & JUDITH D´LEON   86

La empatía, sin embargo, no implica que estemos de acuerdo con la otra persona. Es simplemente tener la capacidad de ver el mundo en la forma en que la otra persona lo ve. Es escuchar con la mente abierta y sin prejuicios; prestar atención y mostrar interés por lo que nos están contando. No es suficiente con saber lo que el otro siente, sino que tenemos que mostrarle que estamos validando sus emociones y sentimientos.

En ocasiones las personas no están manejando adecuadamente sus emociones cuando se expresan. Pueden estar muy exaltados por algo que sucedió, llegar a levantar la voz, manotear y usar el tú acusatorio. Pueden usar el reproche, la queja, la manipulación, el control, o alguna otra forma de expresión equivocada. La empatía es una herramienta extraordinaria, especialmente cuando la persona que expresa, no lo hace exitosamente. La empatía nos ayuda a mantener la calma en esas situaciones, porque el mensaje tiene que ver completamente con la otra persona y nada que ver con nosotros.

Poniendo esto de una forma simple y divertida: cuando la otra persona traiga los cuernos puestos y venga a nosotros como toro de faena, la empatía es como el capote que nos permite lidiar con situaciones como esta.

Illustration 87514283 © Dietmar Hoepfl Jun. | Dreamstime.com viii

No es que no nos importe: lo que la otra persona está diciendo, o el mensaje que está intentando de enviarnos. Es simplemente que todo esto tiene que ver con la otra persona. De esa forma, lo que escuchamos no nos provoca a engancharnos en una pelea. Prestamos atención al mensaje, tratamos de identificar el efecto y las emociones, para después repetir todo esto a la persona que expresa.

Demostramos empatía cuando: en vez de subirnos al ring y acabar peleando, o en vez de preguntar, juzgar o aconsejar, simplemente contestamos diciendo

"Lo que tú me estás diciendo es..."

Presentaremos esto con un ejemplo para que este concepto se entienda mejor:

- *Roberto, cuantas veces tengo que decirte que vengas a comer, toda la vida es lo mismo, estoy cansada de esto. Eres una persona imposible, nunca me escuchas, parece que no te importo.*

- *Amor, **lo que tú me estás diciendo** es que me hablaste a comer y no te hice caso. Esta no es la primera vez que sucede y esto te frustra mucho y te molesta. Sientes que no eres importante para mí.*

- *Sí, me gustaría que cuando te hablo me prestaras más atención. Con todo el trabajo que tienes, casi nunca podemos conversar.*

- ***Me estás diciendo** también, que te gustaría que te prestara más atención y que pudiéramos platicar más a menudo.*

- *¡Sí!*

  (El diálogo continúa de una forma más calmada de forma en que puedan ponerse de acuerdo y RESOLVER este RETO)

Bueno, no siempre salen las cosas tan bien, pero con la práctica haremos que esta herramienta cambie nuestra forma de comunicarnos. La empatía hace sentir a la otra persona escuchada y a nosotros nos hace sentir seguros. No importa el ánimo con el que la otra persona se exprese, a nosotros nos permitirá mantener la calma.

Cuando regalamos estos tres elementos Autenticidad, Aceptación y Empatía a la persona que expresa, le haremos sentir que tanto ella, como su mensaje, son importantes para nosotros. Usar estos elementos nos asegura que nuestra relación, es una relación en la que la seguridad, el cuidado, el crecimiento y la felicidad personal son importantes. Nuestras relaciones serán sin duda alguna, más felices y duraderas.

Ejercicio

Illustration 41001519 © Roberto Giovannini | Dreamstime.com

Ponga en práctica esta herramienta y escriba algunas experiencias que haya tenido esta semana, esta quincena o este mes. Procure incluir no sólo el evento, incluya también sus pensamientos, sus emociones, sus deseos, etc.

1) Evento: _____

_____

_____

_____

_____

2) Evento: _____

_____

_____

_____

_____

3) Evento: _____

_____

_____

_____

_____

Pregunte ahora a su pareja si tiene tiempo de escucharle, y comience a comentar uno a uno estos eventos. Al terminar cada uno de ellos, permita que su pareja le dé empatía usando la frase

"Lo que tú me estás diciendo es…"

Formas Nocivas de Escuchar

Si nos ponemos a pensar por un momento acerca de la forma en que generalmente recibimos los mensajes, encontraremos que usamos 5 formas diferentes para hacerlo.

Oír sin Escuchar

Esta forma de escuchar no nos representa ningún esfuerzo. La usamos todo el tiempo sin darnos cuenta. La usamos cuando hay sonidos a nuestro alrededor, a los que no es necesario prestarles mucha atención. La usamos cuando ladra un perro, cuando pasa un avión, cuando pasa una sirena a lo lejos, cuando llueve, cuando las olas rompen en la playa, etc.

Oír sin escuchar es una forma simple de estar conectados con nuestro medio ambiente. Aunque la usamos todo el tiempo, debemos estar alertas, ya que estos sonidos pueden, en cierto momento, ser importantes para nosotros. Por ejemplo: cuando el ladrido de un perro nos sorprende demasiado cerca, o cuando el sonido de una sirena se aproxima a nosotros, debemos estar alertas para reaccionar de acuerdo con la situación.

Otra ocasión en la que debemos tener especial cuidado de no usar esta forma de escuchar, es cuando nuestra pareja nos habla. Hacer esto puede meternos en problemas, especialmente cuando nos preguntan ¿Me escuchaste? ¿Qué fue lo que te estaba diciendo? o ¿Qué piensas de lo que estoy diciendo? En otros momentos puede inclusive ser peligroso, como en este caso:

- *Amor, va a venir mi mamá este fin de semana.*
- *Aha!*
- *¿Se puede quedar un mes con nosotros?*
- *Ok*

Después, no podremos quejarnos de que no se nos advirtió.

Illustration 47729966 © Yael Weiss | Dreamstime.com [ix]

Escuchar Reactivamente

Desgraciadamente, al igual que la forma de Expresar Reactivamente, Escuchar Reactivamente es también la forma más usada de escuchar. No porque sea la mejor, sino porque, desafortunadamente, es la que hemos visto usar por generaciones. Sin embargo, es la más dañina para nuestras relaciones.

Cuando escuchamos reactivamente solamente activamos nuestro cerebro emocional. Esto genera una comunicación superflua que no nos ayuda a RESOLVER. Debemos recordar que el cerebro racional es el que resuelve, el emocional solamente responde a través de reacciones emocionales.

Como esta forma de escuchar no genera responsabilidad alguna sobre el mensaje, respondemos generalmente de tres maneras distintas: Preguntando, Aconsejando, o Juzgando. Hacemos esto porque, en el fondo, no deseamos involucrarnos con la situación y queremos terminar con esto lo más pronto posible.

Nos mostrarnos como:

1) **Un juez** legalista que está por encima de los demás.

- *¡Por algo te pasó eso…!*

- *¡Seguramente algo hiciste…!*

- *¡Te conozco y sé porque te sucedió…!*

2) **Un consejero experto** que se dedica a dar consejos.

- *Mira te recomiendo que…*

- *Deberías de seguir mi consejo…*

- *Así como yo, tú también…*

3) **Un Interrogador** que desea conocer todos los detalles.

- *¿Y qué pasó después…?*

- *¿Por qué hiciste eso…?*

- *¿Por qué no me cuentas todo…?*

Lo único que logramos cuando juzgamos, aconsejamos o interrogamos es que el canal de la comunicación se cierre y la persona no quiera hablar más. Estos son los tres errores más comunes que generalmente cometemos cuando "escuchamos" a otra persona.

Cuando una persona nos cuenta algo, lo que espera es ser validada y valorada. Es decir, espera sentir que sus sentimientos son válidos y que el mensaje que envió fue escuchado en toda su extensión. Cuando alguien está pasando por un mal momento no está esperando que lo interroguen, que lo aconsejen y menos que le juzguen. Espera simplemente que sus emociones sean validadas y ser escuchado con atención.

Un ejemplo de esto es:

- *Papá ¡la maestra me castigó!*

- ***Juzgado*** *- ¡Algo has de haber hecho, siempre es lo mismo contigo!*

- ***Aconsejado*** *- ¡Te he dicho que, si te portas bien no recibirás ningún castigo!*

- ***Interrogado*** *- ¿Ahora qué hiciste? ¿De qué forma te castigó? ¿En qué estabas pensando?*

Qué diferente sería decir:

- *¡Caramba que molesto vienes! (VALIDACIÓN)*

- *Sí*

- *¿Te gustaría platicarme un poco más?*

Haga un gran esfuerzo de evitar usar esta forma de expresión. Evite **JUZGAR, ACONSEJAR** o **INTERROGAR**. En lugar de eso **¡VALIDE!**

Escuchar Naturalmente

No hay mucho que podamos decir de esta forma de escuchar. La usamos todo el tiempo, especialmente cuando no se nos requiere poner mucha atención, no necesitamos RESOLVER, ni dar EMPATÍA. La usamos cuando escuchamos la radio, cuando vemos un programa en la televisión, cuando escuchamos una clase, cuando vamos a un concierto, etc. Es la forma de escuchar ideal cuando no se nos requiere una respuesta.

HERRAMIENTA

ESCUCHAR ATENTA Y ACTIVAMENTE

Illustration 109179903 © Anatoly Maslennikov | Dreamstime.com

NOTAS

ESCUCHAR ATENTAMENTE

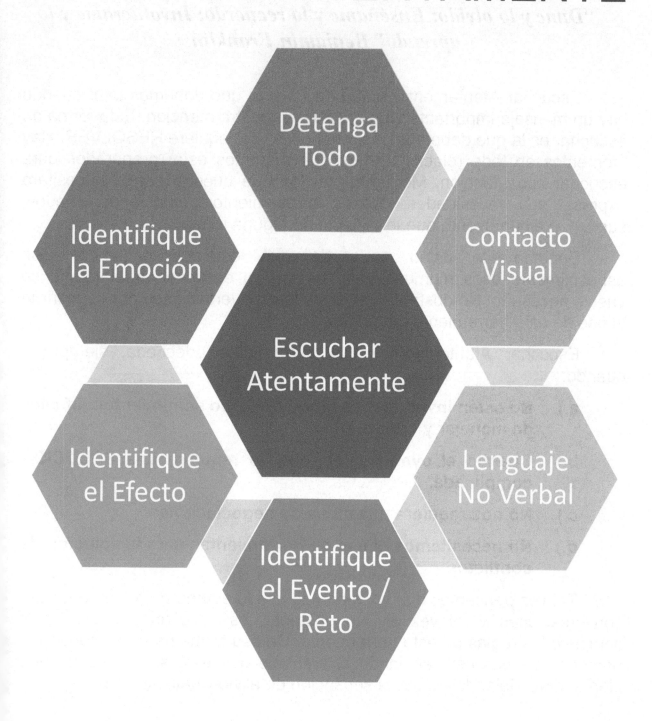

Escuchar Atentamente

"Dime y lo olvido; Enséñame y lo recuerdo; Involúcrame y lo aprendo" Benjamín Franklin

Escuchar Atentamente es la herramienta que debemos usar cuando hay un mensaje importante y que requiere nuestra atención. Esta forma de escuchar es la que debemos usar cuando no se requiere RESOLVER. Hay momentos en toda relación en los que debemos estar preparados para escuchar con atención. Momentos en los que nuestra pareja necesitará expresar sus necesidades, deseos, pensamientos, emociones, miedos, sueños, o algún evento que le impactó de alguna forma.

Seguramente usted sabe de qué estamos hablando. Son especialmente esos momentos en los que el escuchar atentamente se vuelve necesario. No obstante, no todas las conversaciones nos requerirán el uso de esta herramienta tan poderosa.

Escuchar Atentamente es la herramienta adecuada, siempre y cuando:

a.) **No estén involucradas emociones y/o sentimientos difíciles de manejar y controlar.**

b.) **Cuando el evento o el reto No requiera una SOLUCIÓN complicada.**

c.) **No nos requiera una mesa de negociaciones.**

d.) **No necesitemos el uso de herramientas para la solución de conflictos.**

Tal vez pensamos que ya la hemos usado anteriormente en nuestras conversaciones y tal vez sí. No obstante, es necesario aprender por completo las reglas de esta herramienta. De esa forma haremos sentir a la persona que nos está enviando el mensaje que está siendo escuchada plenamente, dejándole así una sensación de alivio y satisfacción.

Esta herramienta fortalece la vinculación en la relación. Crea un clima de seguridad, comprensión e intimidad, lo cual es indispensable para formar relaciones sanas, saludables y duraderas. Es cierto que hombres y mujeres nos comunicamos de forma diferente, pero al final, todos tenemos necesidad de comunicarnos.

Los descubrimientos recientes acerca del cerebro humano nos han abierto los ojos a una nueva dimensión de comunicación. Los estudios de las neurociencias han permitido entender mejor la interacción entre los órganos que forman nuestro cerebro y sus implicaciones en el comportamiento humano.

Nota: Lo que trataremos a continuación tiene que ver con una generalidad. Debemos entender que siempre habrá excepciones a la regla.

Hoy podemos asegurar que está científicamente comprobado que, generalmente, el cerebro de la mujer alivia su tensión y estrés de la misma forma que lo hacen los volcanes. Para ellas es absolutamente indispensable hablar sobre lo que piensan o sienten, sobre lo ocurrido o no ocurrido, sobre lo planeado o no planeado, sobre todo aquello que les provoca emociones fuertes como estrés, enojo, molestia, ansiedad, preocupación, cansancio, alegría, tristeza, etc. En pocas palabras…

¡Ellas necesitan HABLAR!

Los hombres tenemos que entender esto. El no entenderlo, ha provocado grandes conflictos en nuestras relaciones. Generalmente, los hombres tienen la tendencia de querer arreglar todo. Cuando el hombre ve que su esposa está pasando por algún tipo de contrariedad o problema, siente la responsabilidad de componer lo que, según él, está descompuesto. Sin embargo, en ocasiones la mujer solamente necesita sentirse escuchada, validada y valorada. Desgraciadamente, a los hombres les cuesta un poco de trabajo aceptar esto.

No es extraño que en ocasiones cuando la mujer habla, pueda sentirse juzgada, cuestionada, aconsejada, o inclusive que sienta que se le está ordenando que hacer, cómo hacer y cuándo hacer, para resolver eso que la está afectando. Así es como los hombres entienden que deben reaccionar ante la necesidad de su esposa, ellos sienten la necesidad de hacer algo.

Pero, aunque esto lleve una buena intención por parte del hombre, el resultado es por demás desastroso. Sin el conocimiento y el uso de unas buenas herramientas de comunicación, terminaremos por afectar nuestra relación.

Por otro lado, también está comprobado que generalmente el cerebro de los hombres funciona completamente diferente. Cuando el cerebro del hombre está sobrecargado de estrés o de algunos sentimientos fuertes, tiende a buscar una posición de letargo.

Esto es, el cerebro del hombre tiende a apagar las zonas que están siendo afectadas o sobrecargadas, cerrando la entrada de información nueva por medio de algunos de los sentidos. Dejando solamente las funciones y los órganos más indispensables para poder continuar funcionando sin correr ningún riesgo físico. Esto lo hace, para darle oportunidad al cerebro racional de concentrarse y resolver aquello que lo está afectando. En otras palabras:

> **¡Ellos necesitan CALLAR!**

Esto obviamente causa un choque relacional, ellas necesitan hablar, mientras ellos necesitan callar. Como consecuencia de esto, cada uno ofrece al otro su mejor consejo:

1) Generalmente cuando un hombre percibe que su esposa está pasando por situaciones que le provocan estrés, o está lidiando con emociones fuertes, le aconsejan:

   ¡No te preocupes! ¡No importa tanto! ¡Olvídalo! ¡Ya pasará! ¡No vale la pena seguir hablando de eso! ¡No tienes porqué sentirte así! ¡No es para tanto! ¡Mira, te aconsejo que...! ...

Frases como esas, en lugar de aliviar la situación la empeoran, hacen sentir a su esposa que realmente no importa lo que a ella le está sucediendo. ¡Ella necesita hablar y él no la escucha!

2) Generalmente cuando la mujer percibe que su esposo está pasando por situaciones que le provocan estrés, o está lidiando con emociones fuertes, le aconsejan:

¡Háblame! ¡Por qué no me dices nada! ¡Dime cómo te sientes! ¡Saca todo lo que tienes! ¡Dime qué estás pensando! ¡Si me amaras, me dirías lo que te pasa! …

Frases como esas, hacen que el hombre se sienta más estresado. El intenta apagar su cerebro, sus sentidos y sus emociones para poder resolver, pero su esposa se lo impide. Esto obviamente le provoca más tensión y desesperación. ¡Él necesita callar y ella quiere que le hable!

En pocas palabras…

> **¡Cuando ella necesite HABLAR,**
>
> **él necesita callar, no aconsejar, no preguntar y no juzgar, solamente escuchar!**

> **¡Cuando él necesite CALLAR,**
>
> **ella necesita esperar y no perseguirlo pidiéndole que le hable, él hablará cuando esté listo!**

Una vez que entendemos estos dos principios básicos, el nivel de satisfacción de nuestras conversaciones será seguramente alto y agradable.

Las reglas de esta herramienta son simples, pero muy importantes de seguir, de preferencia en el orden sugerido.

Detenga
Todo

Esto es simple, dos cosas suceden cuando nos detenemos y dejamos de hacer lo que estamos haciendo. Una, hacemos sentir a la persona que nos está hablando, que es importante para nosotros. Dos, le estamos ordenando a nuestro cerebro que se disponga a recibir, identificar y procesar el mensaje que estamos por recibir.

Tal vez esto no le parezca tan trivial después de saber que el 67% de las discusiones en la pareja son provocadas por la falta de atención. El mundo en que vivimos es como un carrusel que gira sin parar. Cada vez tenemos menos tiempo para hacer todo lo que deseamos. Parece que los días son cada vez más cortos, y la cantidad de actividades es cada vez mayor.

Como resultado de esto, las personas tienden a prestar menos atención a las conversaciones con otros. La desconexión relacional está afectando enormemente a los matrimonios y familias. Si deseamos evitar la desconexión y los malos entendidos, debemos crearnos un espacio. Una burbuja en la que solamente exista la persona que desea comunicarnos algo, y nosotros que prestamos toda nuestra atención.

Ejercicio

Illustration 41001519 © Roberto Giovannini | Dreamstime.com

Comparta con su pareja (por un par de minutos), algún evento importante que sucedió en esta semana. Mientras lo hace, su pareja le prestará su atención. Cuando termine de compartir, intercambie el lugar con su pareja.

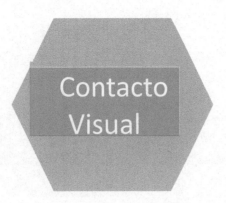

Se ha generalizado el refrán que dice "Los ojos son las ventanas del alma". Las Escrituras asocian el ojo con el estado del alma y mencionan ampliamente la importancia, el significado y el propósito de los ojos. "Hice pacto con mis ojos" Job 31:1. "Fueron abiertos los ojos de ambos" Gén 3:7. "Alumbrando los ojos de vuestro entendimiento" Efe 1:18.

La psicología define el contacto visual como una forma de comunicación no verbal. Se establece cuando dos personas se miran a los ojos. Es una herramienta muy útil para escuchar activamente, porque abre el canal de comunicación. Permite interacciones importantes no verbales entre el emisor y el receptor. A través del contacto visual podemos transmitir emociones y pensamientos, así como también generar credibilidad a nuestro mensaje.

Este es un punto interesante de tocar. Para los hombres el mirar fijamente a los ojos es una señal de reto, como en el caso de los boxeadores. Por otro lado, las mujeres se sienten ignoradas si no establecen un contacto visual. ¿Ahora, que hacemos con este nuevo reto?

Lo importante es la forma en que se comience el diálogo. Es importante estar calmados, de preferencia sentados uno frente al otro y tomados de las manos. Esta postura permitirá a la mujer sentir seguridad y conexión, mientras que, al mismo tiempo, el hombre se sentirá provocado a proteger. Hablaremos más de esto en nuestro Libro/Manual "Resolviendo Problemas en el Matrimonio".

Lenguaje No Verbal

Hay señales que hablan más que mil palabras. El Lenguaje No Verbal se refiere a aquellas formas de comunicación que no emplean la lengua como vehículo para expresarse. Acompaña a la comunicación verbal, matizándola y dándole mayor énfasis. Habrá inclusive ocasiones en las que, si no estamos viendo a la otra persona y observando su lenguaje no verbal, no podremos entender plenamente el mensaje que intenta entregarnos.

Deseamos abrir un paréntesis en cuanto al volumen de la voz. Por generaciones se ha entendido equivocadamente que el levantar la voz, tiene que ver con la falta de respeto. Sin embargo, gracias al estudio de las neurociencias, se ha entendido más y mejor acerca de estos dos elementos (El grito y el respeto) completamente desasociados el uno del otro.

El volumen de la voz tiene que ver con el hipocampo o cerebro emocional.

Si una persona se está ahogando pedirá a gritos por ayuda. No quiere decir que su propósito sea faltarle al respeto a los que le escuchan.

Alguien que grita te está simplemente pidiendo auxilio. ¡Necesito desesperadamente que me escuches!

El respeto tiene que ver con la corteza cerebral o cerebro racional.

Es considerar que todos somos diferentes y únicos, que otros tienen derecho de sentir, pensar, querer, necesitar, etc., de forma diferente a la mía.

Este es uno de los pasos en los que la mayoría de las parejas se atoran en su búsqueda por resolver un Evento/Reto. A lo largo de generaciones hemos observado cómo las parejas discuten por lo que sienten cada uno, con respecto a algo que sucedió. Por supuesto, cada uno siente el derecho y obligación de defender su personal punto de vista.

Sin embargo, a lo largo de la discusión tienden a ignorar el objetivo principal de la misma: "RESOLVER". Al concentrar su atención en sus emociones y sentimientos, se olvidan del "EVENTO" que las provocó. Ésta es una trampa trágica que ha provocado mucha infelicidad, incertidumbre y decepción en la relación matrimonial.

El que escucha debe tener siempre presente un pensamiento primordial

> **¡NO SE TRATA DE MI,**
> **SE TRATA SOLAMENTE DE ÉL/ELLA!**

Identificar "**EL POR QUÉ**" de todo esto y "**NO EL QUIÉN**" está involucrado, es el único propósito de este paso. Una vez que identifiquemos "el por qué" podremos tener la oportunidad de "RESOLVER". Esto evitará que comencemos a sentir la necesitad de huir, defendernos o atacar a nuestra pareja. Recuerde, concentre toda su atención en identificar el "**EVENTO/RETO**" y olvídese por un momento de usted.

Identifique
el Efecto

En este paso el objetivo principal es **Identificar "EL EFECTO TANGIBLE"** causado a la otra persona, por aquello que sucedió. **Este es un principio básico para dar valoración**. Nos dará una idea más clara del por qué, esto que sucedió, causó un impacto en nuestra pareja. Es como abrir una ventana para asomarnos al mundo de nuestra pareja y entender todo lo que provocó el Evento/Reto.

Un Efecto Tangible "ET" es aquello provocado como resultado de un Evento/Reto "E/R" que pasó. Ejemplos:

1) *E/R - Tu pareja se fue si despedirse de ti.*

   ET – Estuviste de malas todo el día.

2) *E/R – Dejaron la puerta abierta y el perro se salió.*

   ET – Tuviste que salir corriendo a atraparlo.

3) *E/R – Dejaron cosas en la sala.*

   ET – Tuviste que arreglar la sala de nuevo.

4) *E/R – No levantaron la mesa después de la cena.*

   ET – Tuviste que levantarla tú.

Es muy importante encontrar este efecto tangible, porque al final de cuentas, esto es en esencia lo que provocó este nuevo RETO.

Si logramos identificar con éxito lo que la otra persona sufrió por causa de un evento/reto, comenzaremos ya a formular una posible respuesta para RESOLVER este reto.

Ahora es el turno de **Identificar** las **"EMOCIONES Y SENTIMIENTOS"** involucrados, aquellos que fueron despertados por el "Evento-Reto" en cuestión. Este es el **principio básico para dar validación** a otra persona. Cuando nos tomamos el tiempo de identificar la forma en que lo(a) hizo sentir lo sucedido, le estamos dejando saber a nuestra pareja que él (ella) es realmente importante para nosotros.

La empatía es uno de los principios fundamentales del amor. Darle verdadera importancia a la forma en que otra persona se siente, sin tomar en cuenta lo que nosotros pensamos o sentimos, es la forma por excelencia de demostrar amor.

Mucho se habla actualmente de la importancia que tiene el estar conscientes de nuestros sentimientos, para nuestra salud mental, física y emocional. Esto es algo nuevo, que no se conocía en años anteriores. Sin embargo, aunque este concepto no se encontraba del todo desarrollado, la gente no dejaba de sentir cuando algo le impactaba.

Es por lo tanto, de vital importancia reconocer la forma en la que nuestra pareja se siente. Nos abre la puerta a una dimensión nueva, desconocida y fundamentalmente importante para nuestra relación. Permite que nos pongamos en sus zapatos y veamos el mundo de la forma en que nuestra pareja lo ve.

Si nos ponemos de espaldas el uno con el otro: aunque estamos compartiendo casi el mismo espacio; aunque nuestras espaldas están juntas; aunque estemos en el mismo lugar y al mismo tiempo; nuestros ojos estarán viendo cosas completamente diferentes. ¡Sin que esto signifique que alguno está equivocado!

Ejercicio

Illustration 41001519 © Roberto Giovannini | Dreamstime.com

Escriba cuatro ejemplos de Eventos/Retos, los Efectos Tangibles que le han provocado y las Emociones/Sentimientos que ha experimentado.

1) Evento/Reto _____

_____

Efecto _____

_____

Emociones/Sentimientos _____

_____

2) Evento/Reto _____

_____

Efecto _____

_____

Emociones/Sentimientos _____

_____

3) Evento/Reto _____

_____

Efecto _____

_____

Emociones/Sentimientos _____

_____

4) Evento/Reto _____

_____

Efecto _____

_____

Emociones/Sentimientos _____

_____

ESCUCHAR ACTIVAMENTE

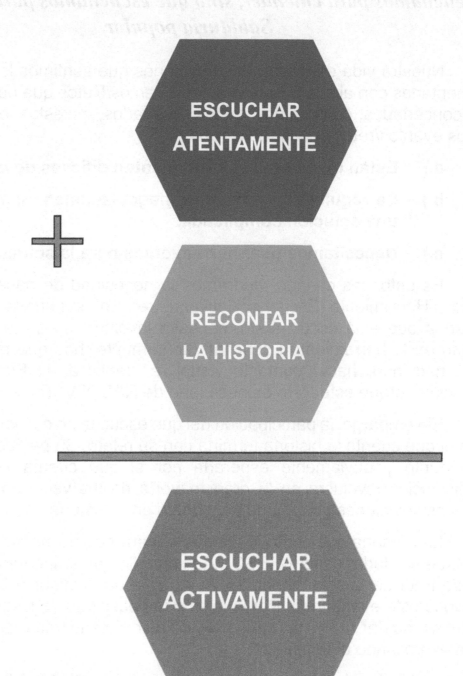

Escuchar Activamente

"Nuestro peor problema de comunicación es que No escuchamos para entender, sino que escuchamos para contestar"
Sabiduría popular

Nuestra vida está llena de situaciones que sentimos la necesidad de comentarlas con alguien. Enfrentamos Eventos/Retos que nos hacen sentir desconcertados, confundidos, tristes, frustrados, molestos, etc. Cuando en estos eventos/retos encontramos que:

a.) **Están involucrados sentimientos difíciles de manejar.**

b.) **Se requiere una mesa de negociaciones, una respuesta, o una solución complicada.**

c.) **Necesitamos usar herramientas para la solución de retos.**

Es entonces cuando tendremos la necesidad de hacer uso de esta valiosa Herramienta "Escuchar Activamente". En esta nueva herramienta la persona que está escuchando, necesita involucrarse en la conversación. Como en la herramienta Escuchar Atentamente, hay que dejar lo que se está haciendo, hacer contacto visual, e identificar el Evento, Efecto y Emoción porque este Reto es necesario de RESOLVER.

Sin embargo, la participación del que escucha no comienza, sino hasta que el que cuenta la historia termina con su relato. Su participación es muy importante y obviamente esperada por el que cuenta su historia. Su participación involucra en la gran mayoría de las veces la propuesta de algunas soluciones al reto que se planteó en la historia.

La persona que contó la historia espera no solamente ser valorada y sentirse validada, espera RESOLVER aquello que la incomodó. De nuevo, no se trata de buscar culpables, ni se trata de castigar a la persona que provocó este evento/reto. Por lo mismo la necesidad de justificarse, buscar excusas, de dar razones, o aún más de huir, defenderse o atacar al que se está expresando desaparece.

¡Esto es lo fantástico de la Herramienta ESCUCHAR ACTIVAMENTE!

RECONTAR LA HISTORIA

Cuando una persona escucha su historia recontada, esto la hace sentirse segura, confiada, valorada y validada, en pocas palabras "escuchada". Cuando la persona se siente escuchada, el termómetro de sus emociones disminuye y está lista para buscar las posibles opciones que resuelvan el Reto que presentó.

Para practicar esta última herramienta, la pareja se sentará frente a frente, cerca el uno del otro, tomados de las dos manos, mirándose a los ojos. Este es un ejemplo de un diálogo en el que **Uno se Expresa Exitosamente** y <u>El otro Escucha Activamente</u>:

+ Amor, me gustaría platicar contigo ¿tienes unos minutos?

- ¡Claro, ahorita tengo tiempo!

+ La ventana se quedó abierta y se metieron los moscos.

+ Me picaron toda la noche y no pude dormir.

+ Me siento desvelada, cansada y de mal humor.

- Antes que nada, siento mucho que hayas pasado esa pesadilla. Lo que tú me estás diciendo es que la ventana se quedo abierta, los moscos te picaron, no pudiste dormir y estás desvelada, cansada y de mal humor. ¿Es eso lo que me estás diciendo?

+ Si, gracias por escuchar ¿Podemos cerrarla hoy en la noche?

- Esa podría ser una solución, pero a mí me da mucho calor y necesito el aire. ¿Qué te parece si compro un ventilador?

+ Me parece bien, pero ¿Podrías ponerlo solamente de tu lado?

- Claro amor ¡Se que tú no lo necesitas tanto como yo!

LA PERSONA QUE CONTARÁ LA HISTORIA DEBERÁ:

1) Estar ya calmada, para que pueda RECORDAR las emociones que el RETO le provocó.

2) Recordar que el propósito fundamental de una Expresión Exitosa es RESOLVER el RETO, no es culpar o buscar culpables, reprochar, o quejarse.

3) Tener bien identificados, de preferencia por escrito, el Evento/Reto que le impactó, el Efecto que le causó, las Emociones que experimentó y una posible solución.

LA PERSONA QUE ESCUCHARÁ LA HISTORIA DEBERÁ:

1) Usar la herramienta de escuchar activamente.

2) Recordar que la historia que está escuchando "NO es su historia" ¡Es la historia que la otra persona vivió!

3) Identificar el "Evento/Reto", el "Efecto" y las "Emociones o Sentimientos" involucrados en la historia que está escuchando.

4) Cuando la historia termine, comenzará a recontar la historia comenzando con:

> **¡LO QUE TÚ ME ESTÁS DICIENDO ES...!**

5) Continuará describiendo el "Evento", el "Efecto" y las "Emociones" que descubrió en la historia que su pareja contó.

6) Al terminar de recontar la historia preguntará:

> **¿ES ESTO LO QUE ME QUERÍAS DECIR?**

Una vez que su historia ha sido recontada, la persona que se Expresó Exitosamente terminará diciendo:

> **¡MUCHAS GRACIAS POR ESCUCHAR!**
> **ESO QUERÍA DECIR / PERO ME GUSTARÍA ACLARAR...**

NOTA: Algunas de las historias requerirán usar las herramientas para la solución de retos. Estas herramientas se encuentran en nuestro Libro/Manual **"Herramientas para solucionar problemas"**. Sin embargo, en este tiempo pueden proponer algunas ideas de cómo resolver el reto.

Observemos esta historia.

Persona que Expresa Exitosamente: "Respondiendo él (Jesús), dijo: **No está bien tomar el pan de los hijos, y echarlo a los perrillos**.

Persona que Escucha Activamente: Y ella dijo: **Sí, Señor; pero aun los perrillos comen de las migajas que caen de la mesa de sus amos**.

Solución: Entonces respondiendo Jesús, dijo: **Oh mujer, grande es tu fe**; *hágase contigo como quieres.* **Y su hija fue sanada desde aquella hora."** *Mat 15:26-28 (RV 1960)*

Recuerde que el que persevera alcanza, y con la ayuda de Dios, y de la práctica de las nuevas herramientas, usted avanzará hacia una forma de expresión exitosa, una forma de escuchar profundamente y una comunicación efectiva.

Ejercicio

Illustration 41001519 © Roberto Giovannini | Dreamstime.com

La pareja se sentará frente a frente, cerca el uno del otro, tomados de las dos manos, mirándose a los ojos. Siguiendo los pasos de la herramienta "Recontar la Historia" (Descritos en la página anterior #110): Expresen Exitosamente a su pareja los 4 ejemplos que escribieron en el ejercicio de la página 106 y su pareja Escuchará Activamente recontando la historia.

Tomen turnos cada uno para contar sus historias.

Recuerden que, si la historia lo requiere, pueden buscar y proponer, hasta que encuentren una solución que satisfaga las necesidades de ambos. Satisfacer las necesidades de ambos es fundamental para lograr aumentar la felicidad en nuestra relación **¡Es tan agradable como tener una dulce reconciliación!**

¡Ahora, es tiempo de que practiquemos estas herramientas con nuestra pareja!

BIBLIOGRAFÍA

Eggerichs, Emerson. *Amor y Respeto*. Nashville, Tennessee: Thomas Nelson, Inc, 2011.

Gray, John. *Los hombres son de Marte y las mujeres son de Venus*. New York: Harper Collins, 1995.

Heider, Fritz. *The Psychology of Interpersonal Relations*. Psychology Press, 1982.

Leonard, Anne, y Jacob Francis. «Evolutionary Ecology.» *Plant-Animal communication: past, present and future*, 2017: 143-151.

Lockman Foundation. *Nueva Biblia de Las Américas*. Nashville, TN: HarperCollins Christian Publishing, 2005.

NIV. *NIV New International Version Holy Bible*. Zondervan Publishing House, 1984.

Rogers, Carl. *On Becoming a person: A psychotherapists view of psychotherapy*. London: Houghton Mifflin, 1961.

RV. *Biblia RV 1960*. https://www.biblegateway.com/versions/Reina-Valera-1960-RVR1960-Biblia/, 1960.

W, Stephen, y Karen A Foss. *Encyclopedia of Communication Theory*. New Mexico: New Mexico University, s.f.

Wenke, Katrin, Marco Kai, y Birgit Piechulla. «Belowground volatiles facilitate interactions between plant roots and soil organisms.» 2009: 499-506.

---

[i] Illustration <a href="https://www.dreamstime.com/home-repair-concept-work-tools-home-renovation-improvement-logo-colorful-design-home-repair-logo-work-tools-image100842909">100842909</a> ©

<a href="https://www.dreamstime.com/hajnalikornel_info">Hajnalikornel</a> | <a href="https://www.dreamstime.com/stock-photos">Dreamstime.com</a>

[ii] Illustration <a href="https://www.dreamstime.com/smileys-emoji-emoticon-faces-vector-set-smiley-emojis-emoticons-crazy-surprise-funny-laughing-scary-smileys-emoji-image164397587">164397587</a> | <a href="https://www.dreamstime.com/illustration/background.html">Background</a> ©

<a href="https://www.dreamstime.com/dzeinmail_info">Dzeinmail</a> | <a href="https://www.dreamstime.com/illustration/emojis.html">Dreamstime.com</a>

[iii] Illustration <a href="https://www.dreamstime.com/stock-illustration-pencil-character-thumbs-up-funny-cartoon-smiling-isolated-white-background-eps-file-available-image41001519">41001519</a> ©

<a href="https://www.dreamstime.com/roberto1977_info">Roberto Giovannini</a> | <a href="https://www.dreamstime.com/stock-photos">Dreamstime.com</a>

iv Illustration <a href="https://www.dreamstime.com/d-small-people-repairman-near-toolbox-d-image-white-background-d-small-people-repairman-near-toolbox-image109179903">109179903</a> | <a href="https://www.dreamstime.com/illustration/background.html">Background</a> ©

<a href="https://www.dreamstime.com/anatolymas_info">Anatoly Maslennikov</a> | <a href="https://www.dreamstime.com/stock-photos">Dreamstime.com</a>

v Illustration <a href="https://www.dreamstime.com/stock-illustration-human-brain-lobes-beautiful-colorful-illustration-detailed-anatomy-sagittal-view-isolated-white-background-image54986718">54986718</a> ©

<a href="https://www.dreamstime.com/guniita_info">Gunita Reine</a> | <a href="https://www.dreamstime.com/stock-photos">Dreamstime.com</a>

vi Illustration <a href="https://www.dreamstime.com/cartoon-brain-looking-piece-paper-thinking-cartoon-brain-looking-piece-paper-thinking-clip-art-vector-image144840126">144840126</a> ©

<a href="https://www.dreamstime.com/memoangeles_info">Memoangeles</a> | <a href="https://www.dreamstime.com/stock-photos">Dreamstime.com</a>

vii Illustration <a href="https://www.dreamstime.com/stock-photography-silhouette-couple-sitting-talking-cafe-image7785072">7785072</a> | <a href="https://www.dreamstime.com/illustration/background.html">Background</a> ©

<a href="https://www.dreamstime.com/mikosha_info">Natallia Hudyma</a> | <a href="https://www.dreamstime.com/stock-photos">Dreamstime.com</a>

viii Illustration <a href="https://www.dreamstime.com/stock-illustration-matador-bull-funny-clipart-image87514283">87514283</a> ©

<a href="https://www.dreamstime.com/shock77_info">Dietmar Hoepfl Jun.</a> | <a href="https://www.dreamstime.com/stock-photos">Dreamstime.com</a>

ix Illustration <a href="https://www.dreamstime.com/stock-illustration-emoticon-tears-joy-laughing-image47729966">47729966</a> ©

<a href="https://www.dreamstime.com/yayayoyo_info">Yael Weiss</a> | <a href="https://www.dreamstime.com/illustration/tears-joy-emoji.html">Dreamstime.com</a>

x Illustration <a href="https://www.dreamstime.com/stock-photography-silhouette-couple-sitting-talking-cafe-image7785072">7785072</a> | <a href="https://www.dreamstime.com/illustration/background.html">Background</a> ©

<a href="https://www.dreamstime.com/mikosha_info">Natallia Hudyma</a> | <a href="https://www.dreamstime.com/stock-photos">Dreamstime.com</a>

Made in the USA
Las Vegas, NV
12 February 2024

85669883R00063